活用理財金三角

小薪水也能滾利領百萬

方士維 著

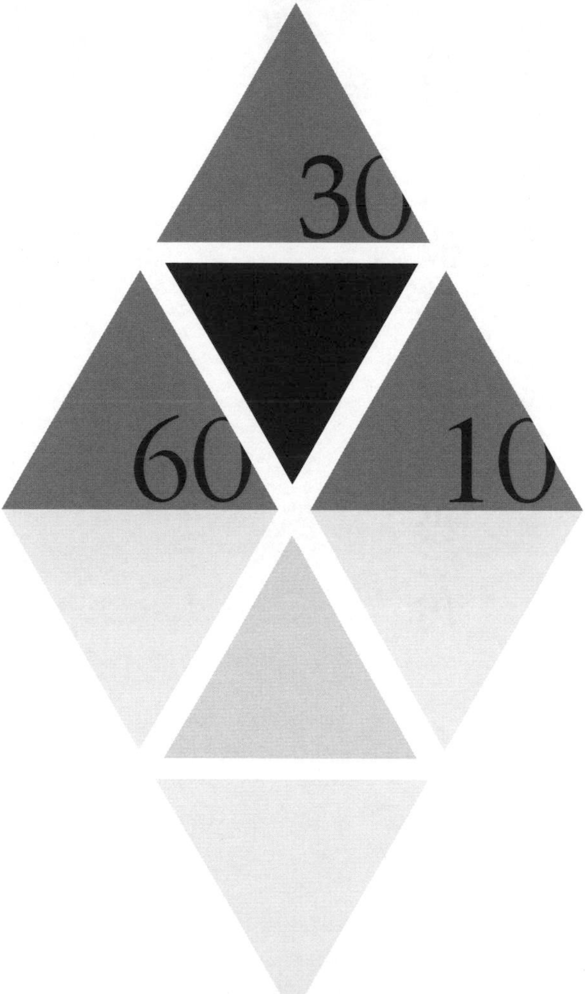

推薦序——理財之鑰在於觀念建立　李智仁……8
推薦序——面面俱到的理財藍圖　鄭景杰……10
推薦序——在理財投資上無往不利　羅澤鈺……12

PART 1 理財概念篇

第1章 理財基本概念與理財金三角

1-1 理財以記帳為起點……19
1-2 理財要先理債……27
1-3 理財金三角與72法則在生活上的運用……35

第2章 風險與報酬的關係

2-1 投機、投資與理財的差別 45
2-2 先保障後求利，先規劃風險再求獲利 53
2-3 中長期穩健獲利的重要性 59

第3章 全生涯理財規劃

3-1 理財規劃對人生的重要性 67
3-2 SMART原則與理財規劃的步驟 75
3-3 好的理財規劃師協助的重要性 83

第4章 財富管理業務介紹

4-1 銀行財管業務 93
4-2 保險財管業務 102
4-3 證券與投信財管業務 110

第5章 主要理財工具介紹

5-1 共同基金簡介 119
5-2 儲蓄保險簡介 127
5-3 房地產簡介 133
5-4 股票簡介 139

PART 2 理財操作配置篇

第6章 股票與共同基金投資金律

6-1 股票投資實務與致勝術 149
6-2 基金配置的方法 160
6-3 靠定時定額基金累積人生第一桶金 170

第7章 股票財務比率與基金績效的衡量指標

7-1 選股時關鍵的基本分析比率 181
7-2 用常識就能搞懂財報分析 191
7-3 透過基金衡量指標選出鑽石基金 200

第8章 資產配置的重要性與方法

8-1 資產配置的核心價值 211
8-2 攻守俱佳的向日葵投資法 219
8-3 資產配置工具與實戰心法 226

第9章 自我投資與專注核心事業

9-1 投資自己是最好的投資……239
9-2 聚焦核心事業，你就是品牌……247
9-3 增進不可取代性，成為π型人才……254

推薦序——理財之鑰在於觀念建立

銘傳大學金融科技學院暨法律學院合聘教授　李智仁

世人對於「理財」的定義或有不同，但普遍而言是指資金的籌措與使用，進一步更可說是財務管理的技巧。其目的除了希望讓投資收益達到最大化外，也透過各類資產的配置，讓個人的財富得以穩健增長，並獲得財富上的自由。

一九六九年國際理財協會的成立，標誌著個人理財意識的抬頭。其後，伴隨金融商品的日益多樣化，以及金融制度與各項改革的更迭，理財成了一項全民運動，也成了各大專院校所重視的學門，更走進了你我的生活中。

近年來我行經世界多國，無論是發表演說、參與會議抑或接受諮詢，都能普遍感受到理財觀念的普及與提升。各類機構數據與研究報告接踵而出，雖然帶給大家一份前進的平安，但在黑天鵝四竄的驚恐中，民眾又再次被不確定的陰霾所籠罩，甚至損失連連。

在眾專家跌破眼鏡的同時，我也不禁憶起北宋時期司馬光的名言：「善治財者，養其所自來，而收其所有餘，故用之不竭，而上下交足也。」無論是國家的財政、企業的財務，或是個人的財富，最重要的應該不是道聽塗說或盡信人言，乃是「觀念」的建立。

有幸搶先閱讀士維兄大作，從基本理財與銀行業務，論及資產配置，再到財富傳承，流暢的文筆中也將個人的豐富實務經驗在各篇章中娓娓道來，讓閱讀者能夠在最短的時間裡吸收知識，並化為自身的財金ＤＮＡ。

能夠呈現如此佳構，自然與作者本身的歷練脫不了關係，士維兄取得美國伊利諾州大學香檳校區財金碩士學位，先後擔任中國人壽保險顧問、台灣金融研訓院菁英講座及ＣＦＰ（認證理財規劃顧問）上海項目中心兼任講師、公信社會企業股份有限公司董事以及熹瑞國際顧問公司總經理等職。無論身處任何職場，其所展現的專業與熱誠，都能讓共事者深刻感受。今日，這份專業與熱誠已逐漸化為文字，彙整成冊，導引所有樂於理財的朋友認識正確的觀念，並在理財過程中享受理性且愉悅的生活。書成之際，士維兄囑余撰序。雖知才疏學淺在所難免，但仍願聊綴數語共襄盛舉，並樂為推薦。

推薦序——面面俱到的理財藍圖

中國人壽保險股份有限公司經理／IFPA保險理財規劃師協會理事 鄭景杰

「理財」這二個字，大家很熟悉，但理財的正確觀念與作為，大眾卻可能很陌生。

時代不同，做法肯定也必須不同。在過去高經濟成長、高利率環境之下，對於大多數民眾來說，理財或許並不是那麼重要，因為薪資會漲，錢放在銀行就有不錯的報酬，人們對於理財的需求並不急切。曾幾何時，經濟不再高速成長，利率一路下滑，毫無起色，再加上不可逆的人口結構改變帶來全面衝擊，少子化、老年化所引發的『年金改革』等等，讓我們突然驚覺，原來錢會變薄，原來低利造成的存款緩慢累積，趕不上房價、物價的上漲速度，連過去認為理所當然的豐厚退休金也變得不再確定。

種種因素，讓每一個人開始正視理財的重要性，因為我們開始認知到，當我們沒有改變我們的理財習慣方式時，我們竟陷入逐漸的「變窮」循環當中無法脫身，年輕世代對這樣的體會尤深。若不想貧窮上身，就開始理財吧。

當然一開始並不會如想像中的容易，尤其理財必須先建立起好的觀念、認識並善用工具，以及清楚設定出自己人生各階段理財目標。當中的風險控管也相當重要，因為好的理財計畫必須攻守並重，既要追求報酬，也得避免風險。若你從未涉獵理財，或是過去著墨不多，方士維老師這本《活用理財金三角，小薪水也能滾利領百萬》理論與實務兼具，又以大眾語言呈現，會是你一個絕佳的開始。

方士維老師學經歷豐富，以文字將理論與實務巧妙結合，讓讀者得以全面性地了解理財藍圖，並依照自身理財需求選擇出最適合的工具，進而穩健地完成人生各階段的財務目標。

《活用理財金三角，小薪水也能滾利領百萬》有別於坊間的理財書籍，它並非只針對單一面向，而是面面俱到，讓大眾了解理財的每個環節。方士維老師耗費極大的心力撰寫本書，為的是讓大眾讀者能夠輕鬆閱讀，卻能通透理財的真諦，相信這絕對是一本值得讀者反覆細讀的好書，也能開啟你的理財之路。

推薦序——在理財投資上無往不利

誠鈺會計師事務所主持會計師　羅澤鈺

士維，我相識、相知、相惜二十七年的老同學、老朋友，這一次終於抽出時間來，將自己多年的實務經驗，以深入淺出的方式與大家分享，真可說是千呼萬喚始出來。

士維與我大學同窗四年，畢業後，同樣在勤業眾信會計師事務所上班，後來，士維去美國唸研究所，我則留在台灣打拚。回國後，我們不約而同地成為理財顧問，也很有默契地成為認證理財規劃顧問（CFP）的講師。

最近這五年，我們幾位志同道合的理財顧問更是每一、兩個月定期聚會，一起討論稅務、理財規劃個案，更一起成為台灣金融研訓院CFP課程的菁英講座。CFP課程的學員臥虎藏龍，個個都是銀行、壽險、證券及投信業財富管理界的頂尖高手，而士維每次教學評比都能獲得高分，深受學員們的喜愛。

「理財，先從理心開始」。因此，本書先談理財概念，再談實際操作，最後提醒大家「投資自己是最好的投資」，把握每次可以學習的時刻，打造個人品牌，傳遞獨特價值，當機會來臨時，自然能成為大贏家。

在理財概念的部份，士維先指出「理財以記帳為起點」，只有收支一目了然，才能更快速地累積人生的一桶金。並強調「理財金三角」：年收入的六〇%支付一般生活開銷，三〇%作為儲蓄性的投資理財，一〇%作為保障性的風險管理。建立了良好的理財觀念後，投資自然能夠無往不利。

在實際操作的部份，不論是股票投資的基本面、技術面、籌碼面，或是定期定額投資共同基金，以及透過基金衡量指標選出鑽石基金，諸多內容都能讓讀者快速上手，掌握住股票、共同基金的投資金律。如果試過聽明牌、短進短出作投資，卻老是賺不到錢，那麼決定中長期穩健獲利的主要關鍵「資產配置」，與攻守俱佳的「向日葵投資法」，便是我們很值得學習的投資操作策略。

二〇〇八年，在國父紀念館旁的星巴克咖啡館，士維與我分享一起到大陸各省市擔任CFP、財富管理課程講師的好機會。因為在台灣的行程很滿，我居然婉拒了這個每小時教師鐘點金額跟台灣一樣，但是計價幣別由台幣變為人民幣、收入相差快五倍的大好機會。同一時期，士維則跑遍了大江南北，最遠至烏魯木齊，累積了更深厚的能量。至今每次回想到這一段，除了佩服士維的眼光之外，也替自己沒有接受好朋友的建議感到十分可惜。

現在，士維無私地將自己在二岸三地所見所聞的寶貴經驗與大家分享，這一次我們一定不能再錯過。我誠摯地推薦本書給大家，期盼大家都能活用理財金三角，小薪水也能滾利領百萬。

PART 1

理財概念篇

第1章

理財基本概念與理財金三角

1-1 理財以記帳為起點

不少理財講座與財經專家都提到「理財以記帳為起點」，這句話確實是切中要點。從大多數富人的經驗，我們可以得知，一生能累積多少財富，並不在於你賺多少錢，而是取決於你如何理財。台語有句俗諺：「人兩腳，錢四腳」，四隻腳跑得比兩隻腳快，兩隻腳的人自然追不到四隻腳的錢！既然錢跑得比人快，想要瞭解錢到底都流向何方？記帳，絕對是理財的第一步。

▼睡前花10分鐘，揪出消費盲點

仔細回想一下，你知道自己昨天花了多少錢嗎？上個月的生活費支出是多少？與去年同期相比，今年生活費支出究竟是增加或減少呢？在食、衣、住、行、育、樂等各項費用中，何者占生活費支出的最大宗呢？生活費總支出占每月收入是多少比重呢？想要知道這些答案，都必須從記帳開始。

常有人不禁納悶，為什麼每天記帳，還是不知道自己的錢花到哪裡去了？為什麼感覺每天都過著很節省的生活，幾年下來還是存不到錢？原來這些人的問題都出在「記帳」記錯了！

例如，有些年輕人明明有記帳，但對於支出、投資等數目都是「憑感覺」。「憑感覺」統計今天花了多少錢，「憑感覺」每個月花費不超過兩萬元，「憑感覺」每個月應該要存下一萬元，「憑感覺」工作到現在可能存了三十萬元。老是「憑感覺」花錢及記帳，難以養成儲蓄的好習慣。事實上，理財應更理性一點，把每一筆數字都精算出來。

另外，有些人記帳的盲點在於仔細記下每天的小額花費，但對於大筆支出，包括年度旅遊、保費、借錢給別人或給雙親的孝養金等，因為不常發生，即使記下來也沒放在心上。結果是，往往會覺得自己平常都省吃儉用，一年下來卻沒存到錢，或是存下來的錢怎麼比想像中的少。

還有人會認為，何必每天記帳那麼麻煩呢？反正賺多少就花多少，剩下的錢再存起來就好，相信這應該是大多數人的心聲。老實說，這樣的想法並沒有所謂的對或錯，但若能透過記帳，做好個人的財務管理，進而累積人生的第一桶金，是否會讓你心動，想要現在馬上就開始記帳呢？

如果嫌每天記帳瑣碎又麻煩，其實只要記錄食、衣、住、行、育、樂等費用即可，或是支出項目可依個人消費習慣而制定。比方說，在支出項目中可增列「雜項費用」，凡是單筆消費金額低於一千元以下，如一份報紙二十元，就可列入雜項費用，與企業的零用金是相同的道理。

若能養成記帳的好習慣，經年累月熟能生巧後，記帳時間往往不需要超過十分鐘。因此，只要在每晚睡前花上大約十分鐘，就能輕鬆記好帳，揪出個人平時消費的盲點。

▼記帳好處多，收支一目了然

事實上，個人的記帳就如同一家公司的財務報表。經營企業需要提出財務報表，詳列每月的營收和支出，這一來是為了向投資人報告公司營運狀況，二來是可以追蹤每月、每季、每年的營運績效。

石油大亨洛克斐勒（John D. Rockefeller）從小就被父親要求記帳。上班後，他花了一毛錢買了一本紅色小冊子，每天詳細記下自己每一筆收入與開支。如今，洛克斐勒是全球第一位資產超過十億美元的超級富豪；即使富可敵國，他仍要求子女從小記帳，儼然成為世代祖傳家風。

究竟，記帳有何好處？不妨從以下兩大方向來思考。

一、記帳有助於瞭解收入與日常生活支出的來源與類別

透過記帳，可以確實了解收支詳情，得知每月收入來源與日常生活支出概況，進而分析各項支出占總支出及收入的比重，甚至對於占比過高或異常的項目可以進行適當的調整。

舉例來說，在當月生活總支出中，一旦發現飲食項目占比過高，將近三〇％，與上個月相較甚至大幅增加一〇％，即可進一步分析飲食費用支出異常的原因，例如三餐老

是在外、手搖杯飲料喝太多、食物價格上漲等，然後再加以調整。因此，記帳不光只是收支的紙上紀錄而已，透過檢視帳本，更能清楚掌握個人的消費習性與支出流向，並對自己浪費金錢的盲點加以矯正，以達到節流的目的。

二、記帳能使支出習慣與預算編制更有效果

暢銷書《富爸爸，窮爸爸》中提到，將儲蓄與投資當作支出，並有紀律地執行下去，未來才有機會累積第一桶金。換句話說，拿到薪水時，應先將預計儲蓄、投資的錢先扣下，「支付」到個人的儲蓄、投資帳戶，剩下的錢才可以自由運用，如此一來，每月開銷就不容易透支了。

這種概念又稱為富人存錢公式：**收入－（儲蓄＋投資）＝支出**。

當你先針對每月儲蓄、投資的金額編列好預算，然後控管每月日常生活費用，就能使自己及家庭的支出習慣與預算編制更有效率，並符合現狀。

▼善用軟體工具，簡化記帳流程

雖然記帳有許多好處，但對很多人來說，每天記帳總是知易行難。即使心血來潮記了幾天帳，很快又放棄，徒留大半本空白的記帳本。正因為記帳如此瑣碎又麻煩，所以必須盡可能簡化步驟。拜科技之賜，不少人改用電腦的試算表（Excel）取代手寫記帳，甚至智慧型手機和平板電腦有各種免費的記帳軟體供下載，讓記帳更方便又輕鬆。

運用試算表記帳，不僅帳目清楚，且容易統計收支。只要每日填入收支明細後，月底時試算表會自動根據類別加總，並繪製成圓餅圖。這樣一來，錢的流向與最大的花費一目了然。

習慣使用信用卡消費的人可考慮信用卡記帳法，利用銀行每月寄送信用卡簽帳單對帳，還能分析一年刷卡消費情形。

因應人手一支智慧型手機與平板電腦的時代來臨，各種簡易上手的記帳軟體大幅提升記帳方便性。只要下載記帳ＡＰＰ，根據個人實際狀況訂定各項生活開支，比如飲食、交通、房租、治裝、娛樂等項目；一有支出隨時隨地馬上輸入花費，即可直接在手

◎簡易記帳方法

方法	適用對象	執行方式
信封記帳法	適合固定支出多，又容易過度集中某項花費的人	先準備四到五個信封，依個人需求分配不同支出類別，如房租、水電、交通、生活費、緊急預備金等。發薪日時，按用途分配預算，使用時再依照信封類別提領，等到月底再把所有信封的餘額集中成存款。除了日常生活支出外，投資自己的支出也很重要。
信用卡記帳法	適合習慣使用信用卡的人	透過每筆信用卡簽帳單來記帳，既能掌握支出項目，又能學習有效使用信用卡。

◎常見記帳工具

工具	優點
試算表（Excel）	試算表具有自動加總功能，並可匯成圓餅圖，更能達到記帳的效果。
APP軟體	透過手機下載的APP軟體記帳，更方便、即時，如CWMoney是我目前慣用的記帳工具。
網站	有些網站也提供記帳相關事宜，例如Moneybook（www.moneybook.com.tw）除了記帳功能外，還能整合個人金融帳戶、提醒信用卡繳款。

機或平板電腦上加減，讓記帳工作更省事。

透過上述工具，將能使記帳成為每天的生活習慣。想要跨出理財的第一步，就從記帳開始，馬上行動，永遠不嫌晚。當你發現自己能控制每月開銷時，就會愈來愈有成就感，也更有存錢的動力！

理財小叮嚀

想要發揮記帳的功效，有些小撇步值得注意。

- 適當分類，可分成食、衣、住、行、育、樂等大項。
- 常用的支出應詳實記錄，方便日後可回顧比對。
- 特別支出最好要額外標示，以免金錢在無形中流失而不自知。
- 按年、月、日整理歸檔，並定期檢討。
- 最後一點，也是最重要的，那就是每天都要記帳。

1-2 理財要先理債

債務是人生中極難堪且沉重的負擔。如何避免負債，以及一旦負債後如何學習理債、清償債務，是想要達到財務自由之前所必學的理財課題。

曾有一本書《快樂償債，富裕常在》，作者傅爾曼（John Fuhrman）在書中分享自己按部就班償還債務的方法，從這個書名就可以發現人一生中管理債務的重要性。債務管理得好，就能富貴償債，讓富貴常伴左右；反之，如果陷入卡債之類的深淵中，那樣的人生將會是黑白了。

▼認清好債與壞債

欠債其實不見得都是壞事。一般而言，債務可分為好債與壞債。在《富爸爸，窮爸爸》一書中，富爸爸曾說：「好債，讓你有現金流收入，還能抵稅；壞債，讓你掉下財務懸崖。」

也就是說，好債不僅能帶來直接收益或未來收益，更有助於還清該筆債務。壞債則是無法創造現金流，還必須支付金錢給他人，甚至可能因財務管理不當，使自己的生活陷入泥沼之中。

該如何分辨好債及壞債？最簡單的方法是，當你即將欠下一筆債務時，請先捫心自問：「未來，這筆債務能為我帶來收益嗎？」

舉例來說，「投資負債」與「自用負債」都是屬於好的債務。「投資負債」是為了投資而產生的負債，例如貸款買房當包租公或包租婆，利用房客支付的租金，來清償每個月的借款利息，而且還有剩餘。「自用負債」則指為了負擔自用資產而產生的負債，譬如購屋自住，儘管現階段要繳交貸款，但用二十年或三十年的房貸，換到溫暖的窩；或是這筆自用資產在將來出售時增值，不但可付清債務，還有機會創造收益。

因此，好的債務能使人致富，增加個人資產。幾年前，國內房地產景氣位處高檔，尤其是台北市房價大幅成長。面對台灣目前低利率的環境，在房貸支出不逾家庭所得三分之一的前提下，可把房貸視為良性負債，每月繳房貸就像存錢一樣，如果未來房價增值，也讓個人資產增加，一舉數得。

相對地，「消費負債」指為了滿足享樂需求所產生的債務，通常是壞的債務，特別是因無法控制個人慾望，或未留意收入與支出的流量而背負卡債。若「消費負債」占個人或家庭總負債比重過高時，代表消費較不節制，容易導致收支失衡，建議應改變消費習慣，並盡快還清卡債，以免債台高築。

▼複利能載舟，亦能覆舟

債務的可怕之處，在於具有「複利」的威力。凡有投資理財經驗的人，對複利應不陌生。所謂複利，就是將每次的獲利與本金再繼續投資下去，如此以利滾利，時間愈久，每次利上加利的效果愈大，也難怪愛因斯坦曾說：「複利的威力遠大於原子彈。」

在複利的效應下，你的資金多久能增長一倍呢？若根據「72法則」來概算（詳見1-3節），假設投資報酬率為六％，那麼此筆資金約十二年時間可增長一倍（72÷6

=12）。由此看來，複利與時間宛如財富增值的神奇魔力。可是，若將複利和時間應用在債務上，恐使債務如滾雪球般愈滾愈大，最後一發不可收拾。

依現行《民法》第二〇五條規定，信用卡、現金卡等各項約定利率上限是二〇％，卡債族即使繳了最低應繳金額，但依據「72法則」，卡債每三．六年就會倍增（72÷20＝3.6）。即使在《銀行法》修正後，自二〇一五年九月一日起，銀行辦理信用卡、現金卡的循環利率不得超過一五％，但債務仍會每四．八年就翻一倍（72÷15＝4.8）。試想，債務陷入到滾雪球般的惡性循環，實在令人感到很可怕。在新聞報導中，偶爾可見有人因受不了龐大的債務壓力而自殺等悲劇，更凸顯了理財前先理債的重要性。

因此，在積欠債務之前，應先瞭解到一點：與存款有利息收入一樣，負債也是需要支付利息，而利率將左右利息的高低。一般信用卡循環利率介於一二％至一五％之間，但目前銀行活期存款利率皆不到〇．五％，一年期定期存款固定利率也不到一．三％，完全追不上循環利息。如果不先理債，甚至還不停以卡養卡，可能會從欠十幾萬變成欠上百萬，最後愈來愈難翻身。

試想，若背負循環利率一四%至一五%的卡債，即使是投資高手也難以翻轉成功，因為這代表一年投資報酬率必須達到一四%至一五%才能支付債務的利息。但目前各種投資工具中，一年投資報酬率有可能達到這麼高的比率嗎？以法人機構的標準，包括學校及退休基金，中長期的年報酬率能達到八%至十%，已可稱得上是投資高手。

根據我的經驗，客戶對於投資報酬率，常存有一種迷思：台股每日漲幅上限一〇%，故一年投資報酬率達到八%至一〇%應該是輕而易舉。但中長期投資通常是指五年以上，能保證每年都可以如此穩健獲利嗎？

此外，每個人對於保守型、穩健型與積極型投資的認知不盡相同。以我與客戶互動曾實際發生的例子，對方自認為保守、穩健型投資人，向我尋求投資組合的建議。我問對方：「你期待一年投資報酬率約多少？」對方卻答道：「一五%。」這樣的期待值，算得上是保守、穩健嗎？

至於如何衡量保守型、穩健型及積極型投資，通常是以一個國家的一年期定存利率為標準。以台灣銀行目前一年期定期存款固定利率一．〇七％為標準，若期望報酬率與定存利率相同，就屬於保守型投資人。

惟須注意的是，**名目利率＝實質利率＋通貨膨脹率**。如果名目利率小於通貨膨脹率，就會產生實質負利率的情形，所以打敗通貨膨脹率也很重要。假如一年報酬率比定存利率高二％至四％，屬於穩健型投資人；若比定存利率高五％至七％，則屬於積極型投資人。中長期（通常是五年以上）報酬率若能每年穩健獲利一〇％以上，在法人機構眼中，堪稱是高手級人物。

▼面對債務，訂定還款計畫

理債的第一步，必須先把手上的債務區分為兩大類，一是長期、有擔保品的貸款，如房貸、車貸等，可視為每月固定支出；二是利率相對偏高的短期貸款，如信貸或卡債。在管理債務時，應盡量優先償還短期借款，避免持續過度消費，同時尋求債務解決之道。

方法一、檢視收支情況

中性推薦。初期效果有限，但長期有益於節制消費及控制支出。在還款計畫上，建議寫下達成目標的方式，並設定每個月固定支出上限，試著使實際消費金額低於原先預定金額。值得提醒的是，應保留一些緊急預備金，以免還款計畫受到緊急事件影響。

方法二、債務整合

中性推薦。這是將信用卡、現金卡、信貸等債務全部整合到某一家銀行或金融機構集中繳款，以便於管理債務，惟須注意整合後是否會增加利息及整合相關費用。

方法三、銀行協商

不建議採用。這是當債務人還不出錢時，與債務最高的債權銀行進行前置協商、溝通還款事宜。在金融機構受理後，會依據債務人個別的還款能力，與債務人協商適合的清償方案，以協助解決困境。可是，申請前置協商、更生或清算後，會在聯徵中心留下不良信用紀錄，建議除非真的無法清償債務，才考慮這種債務解決之道。

目前聯徵中心根據《電腦處理個人資料保護法》第二十一條規定，並依據金管會規定，個人資料紀錄期間為逾期、催收紀錄，自清償日起揭露三年；呆帳紀錄自轉銷日起揭露五年；退票紀錄三年；拒絕往來紀錄自通報日起揭露三年。但對退票已清償並辦妥註記的人，自辦妥清償註記日起揭露六個月；拒絕往來提前解除者，自拒絕往來提前解除之日起揭露六個月。

訂定還款計畫時，應先瞭解目前的收入，列出所有的債務金額及利率，再來設定還款目標，並定期追蹤管理。最重要的是，付諸行動、解決問題。唯有把負債歸零，才能贏在理財的起跑點上。

1-3 理財金三角與72法則在生活上的運用

人人都想變有錢，實現提早退休或財務自由的夢想。投資市場上的商品有成千上萬種，該如何選對標的，讓自己投入的資金能夠翻倍？此時最重要的莫過於投資工具的報酬率。但一般投資新手對於投資報酬率一％、二％、五％……等數字，可能只知道數值愈大愈好，實際上卻不曉得該如何操作。

其實，在貿然投入市場之前，不妨先瞭解一下流量、存量、理財金三角，以及72法則等基本概念，對自己的資產規劃與理財生活將更加有保障。

▼生活支出重流量，累積財富重存量

在日常生活中，流量與存量是很重要的理財概念。就資產配置及投資觀點而言，生活支出重流量，累積財富重存量，其中又以流量管理為重要關鍵。

至於流量和存量如何區分？簡單來說，流量是分段動態概念，存量則是累積靜態概念。流量與存量的關係，就像是河流與湖泊，兩者互為因果，必須調控得當，才能享有財務安全感。

流量有進有出，流入的錢可能有每月薪資所得、員工分紅、年終獎金、投資收益、租金收入或投資事業收入等；流出的錢可能有房貸或房租、日常生活費、個人教育費、子女教養費、保險費、汽車維修、旅遊、投資損失、稅務支出或退休金等。若把年終獎金存起來或轉而投資，則可稱為存量。

現金流量的管理是理財規劃中非常重要的一環。所謂現金流量管理，也就是掌握收支流向，進而穩定流量。一般來說，流量大小可透過開源或節流來達成，但如果流量每月忽大忽小甚至中斷，顯示家庭現金流向不穩定，必須利用記帳來解決。畢竟，現金流量要穩定，才有財可以理。至於現金存量管理，則指如何精打細算，徹底發揮每一分錢的最大效益。

如何拿捏流量與存量之間的平衡點，亦是一門學問。以三十歲至五十歲的民眾為例，購屋自住是生涯規劃中的重大計畫。頭期款部分，無論是兩成或三成皆屬於存量概念，每月房貸（含本金與利息）攤還則被視為流量。基本上，每月房貸支出應不超過每月現金流量的三分之一，最多不可逾四成。但根據統計，台北市民的房貸支出占現金流量竟高達六成。即便房貸可稱為良性負債，可是若占每月現金流量的六成，將使生活品質大打折扣，甚至淪為屋奴，恐非大家所樂見與追求。

不少人耳熟能詳的《富爸爸，窮爸爸》一書中，也提到重要的理財觀念：**收入－儲蓄－投資－支出＝緊急預備金**。換句話說，須將儲蓄及投資當作一種固定支出，未來才有機會累積一桶金。《自動千萬富翁》作者大衛・巴哈（David Bach）也認為，把儲蓄視為固定支出，才能如滴水穿石般累積財富。因此，應養成固定儲蓄和投資的習慣，以取代「收入－支出＝儲蓄」的舊時觀念。

▼運用理財金三角，做好人生規劃

針對年收入的財務規劃，不妨思考一下「理財金三角」的概念。所謂「理財金三角」，指一般生活開銷占年收入六〇%、儲蓄和投資理財占三〇%、風險管理占一〇%。換句話說，每年保留至少四成收入，作為投資理財與保險規劃，才能幫助自己及家人逐步創造安穩的財富人生。

在「理財金三角」中，所主張「六〇%、三〇%、一〇%的財務分配比例」，源自於美國經濟學家們所發表「6、3、1的年收入分配比例」，如圖一所示。

日常生活支出，包括個人及全家人的食、衣、住、行、育、樂、稅金、勞健保費等各項生活費用的加總，應盡量控制在目前年收入的六〇%左右。如此才有餘裕空間規劃其他的理

圖1　理財金三角＝年收入分配比例

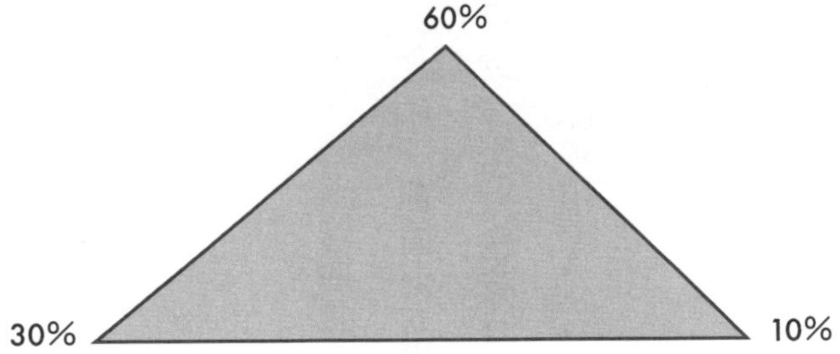

6 → 60%：作為支付一般生活開銷
3 → 30%：作為儲蓄性的投資理財
1 → 10%：作為保障性的風險管理

財目標，並逐漸累積財富及退休金。

現代人平時除了加強賺錢能力，以防老養老外，如何透過有效的投資理財規劃加速退休養老計畫成形，也是當下每個人不可忽視的一環。按「理財金三角」的建議，每年應提撥目前年收入的三〇%，依短期（三至五年）、中期（五至十年）、長期（十年以上）來設定理財目標。

此外，每年還必須提撥年收入的一〇%，作為短、中、長期風險管理的費用。不論是個人或家庭成員，風險管理至關重要，不僅可提供自己及家人在生活上的實際保障，也能確保辛苦累積的資產不至於因發生變故，而使收入來源中斷，甚至蒙受財務損失。

▼72法則：神奇的魔術數字

至於儲蓄與投資理財，愛因斯坦曾說：「複利的威力遠大於原子彈。」坊間的報章雜誌也經常提到，無論是在投資理財或職涯規劃，年輕人的最大優勢在於「時間」。時間具有價值。最簡單、也最常用來表達時間的複利價值，就是「72法則」。這是一個簡單的數學公式，只要以七十二為分子，投資報酬率為分母，意即用「七十二」除以「投資報酬率」，即可計算出投入的資金翻一倍所需年數。

換句話說，所謂「72法則」，隱含了複利增值的概念。在日常生活中，「72法則」主要可運用於投資報酬率、債務利率、通貨膨脹率及退休金規劃等四大面向。先來看投資方面，姑且不論投入的本金是多少，如果每年投資報酬率三%，二十四年（七十二除以三）後，本金可翻一倍。若利用年報酬率八%的投資工具，經過九年（七十二除以八）後，本金就翻一倍。選擇年報酬率一二%的投資商品，只要六年（七十二除以十二），即可讓本金翻一倍。假如年報酬率為一五%，那麼本金翻倍時間又可縮短為四・八年（七十二除以十五）。依此類推，可以得知選擇投資報酬率愈高的商品，資金翻倍所需的時間愈短，財富累積速度也就愈快。

不過，水能載舟，亦能覆舟。若把投資報酬率換成信用卡循環利率，債務恐將如滾雪球般愈滾愈大，甚至循環利率愈高，負債翻倍速度愈快。以現今銀行各項信用卡、現金卡循環利率不得超過一五%來看，只要四・八年債務就會翻倍，實在高得嚇人！

通貨膨脹亦是如此。假設每年通膨率二%，三十六年（七十二除以二）後物價水準上漲一倍；若通膨率三%，約二十四年的時間，物價就會上漲一倍。退休金方面，假設你現年三十五歲，預計六十歲退休，而且希望到時每個月能領到五萬元退休金，在通膨率二%的情況下，現在每個月應該存多少錢呢？

若利用「72法則」來估算，七十二除以二，代表目前所認知的五萬元，經過三十六年後，將翻倍為十萬元。因此，如圖二所示，當前在做退休金規劃的時候，應選擇能抵抗通貨膨脹的投資工具，以免辛苦累積的退休俸被通膨提早「吃」掉。

儘管「72法則」只是一種速算財富倍增的方法，不甚精準，也未考量投資市場所隱含的投資風險，卻可以幫助我

圖2　通膨可怕的威力

們瞭解不同的投資報酬率在經過複利滾存之後所產生的不同效果，進而挑選適合投資的工具，以達到個人設定的理財目標。

對於初出社會的年輕人來說，年輕就是最大本錢。若能在日常生活中運用「理財金三角」與「72法則」的概念，妥善管理現金流量，將能使自己的財務更為健全，再加上善用時間的複利效果，更能提高累積財富的速度。

第2章

風險與報酬的關係

2-1 投機、投資與理財的差別

許多人進入資本市場，腦海中浮現的第一個念頭就是：「想要靠投資致富。」靠投資致富的方法有上百種，但不少投資人雖然心中想著要投資，行為上卻充滿濃厚的投機意味，常用短期趨勢預測來試圖賺取高額報酬。

其實，這樣的情況並不難理解，因為大多數人都希望能快速致富。也無怪乎坊間財經雜誌經常報導素人理財致富的傳奇故事，總是吸引人想要躍躍欲試，希望自己就是下一個靠投資成功致富的人。

可是，如果每個人都能輕易靠投資致富，那麼誰還需要每天奔波上班、辛苦工作呢？

▼投機、投資與理財的差異

論及投機、投資與理財，這三個字眼看似意義相近。但事實上，不論是從心態或行為的角度來看，投機、投資及理財都是有所差異的。究竟，該如何分辨？

- **投機：**希望在短期內獲得高額報酬，例如賺取時機財、炒股票搶短線或只聽消息面。由於未經過事先研究與分析，加上沒有仔細考慮風險，因此一旦看錯趨勢，這種短線押寶的行為很可能帶來鉅額報酬或虧損。雖然投機並非違法行為，但一不小心，很可能蝕光本金。
- **投資：**在一段期間內獲取相對合理的報酬，可分為短、中、長期投資。透過完善的財務研究與分析，並設定合理的期望報酬和目標，再將資金投入預期未來可帶來獲利的投資標的上。
- **理財：**通常指在未來某一個時間點需要用錢時，正好能有一筆錢可以派上用場，像是子女教育基金、出國旅遊基金、退休金等。理財的目的並非為了追求最大的絕對報酬，而是希望將來哪天遇到風險發生時能有錢可用。舉例來說，人人都期望退休後，每個月能有一筆固定的現金收入，這就必須趁年輕時透過資產配置，才能達成理財目標。

除了儲蓄目的外，理財還包含風險規劃與移轉、財富傳承等，因此，需要有效運用適當的投資工具，以完成階段性目標。

▼建立正確的投資觀念與態度

儘管大家都想投資致富，但也有不少人是財愈理愈薄。其中的原因除了是資本市場存在資訊不對稱而造成獲利差異之外，更重要的是，未能建立正確的投資理財觀念與態度。

首先，應謹記股神華倫．巴菲特（Warren Buffett）最經典的一句話：「投

◎投機、投資及理財大不相同

	投機	投資	理財
時間	短期	可分為短中長期投資	未來某一個時間點需要用錢時，正好有錢可用
期望報酬	高額報酬	相對合理報酬	相對合理報酬
操作策略	未事先研究與分析，只做短線預測趨勢或只聽消息面	經事先研究與分析，並設定合理的期望報酬與目標，再選擇投資工具	透過資產配置，有效運用適當的投資工具，以達成理財目標

※資料來源：作者整理

資的第一法則，就是不要賠錢；投資的第二法則，是不要忘記第一法則。」這句至理名言凸顯了風險與報酬是一體兩面，如何辨識投資風險、不做賠本生意，才有可能投資獲利。

舉例來說，二〇一三年至二〇一六年大行其道的「目標可贖回遠期合約」（Target Redemption Forward，簡稱TRF），不僅造成許多投資人慘賠，就連銀行也因銷售不當而必須賠償或和解，導致雙輸局面。

事實上，TRF為美元對人民幣匯率選擇權的衍生性金融商品，原本是用來當作匯率避險的工具。二〇一三年，市場看好人民幣兌美元會持續升值，於是許多台商和國內中小企業紛紛購買TRF，希望能大賺一筆，卻沒想到二〇一五年後，人民幣開始大幅貶值，導致不少人套牢，甚至賠上畢生積蓄與家產。

TRF風暴的根源在於金融機構高層只求銷售TRF的高獲利，許多基層金融從業人員本身也不清楚TRF的風險所在，加上投資人不瞭解TRF是賺錢有上限、賠錢無上限、不能隨時出場的衍生性金融商品。結果，人民幣一重貶，就使得投資人虧損連連，其中不乏經營良好的中小企業主。

仔細探究這些中小企業主淪陷的原因，除了部分是因銀行人員不當銷售產品，致使投資人誤信TRF是低風險、高報酬的投資工具之外，大部分買方其實是心甘情願，甚至還是積極參與的。說穿了，就是很難克服人性的貪婪與恐懼。

其實，TRF還有另一個陷阱：當客戶因賠錢而想要提前中止合約，必須付出一筆數目不小的提前解約金；若不想提前解約，則得補繳保證金，否則就繼續把合約延長，於是部分不甘認賠的客戶簽下了另一筆額度更大的合約。然而，這樣的舉措不啻為飲鴆止渴，最終收到一張再也無法承受的鉅額帳單。

因此，除了不投資自己不瞭解的商品之外，投機部位占整體投資組合的比重，也不宜超過五％到一〇％。無論是衍生性金融商品或未上市櫃股票，都屬於高風險、高報酬的投資工具，千萬別為了追求超額報酬，而影響到自己的日常生活品質。

▼成為有智慧的價值型投資人

近年來，投資人在資本市場中慘賠斷頭的例子時有所聞，所以有愈來愈多人逐漸捨棄短線投機的作法，標榜穩健獲利的「價值型投資法」（Value Investing）反而一躍成為顯學！

價值型投資法的定義眾說紛紜，但簡單來說，就是：**投資人用低於企業真實價值的價格，買進績優股，並以大股東的心態長期持有，追求合理的利潤**。

班傑明・葛拉漢（Benjamin Graham）為價值投資理論的創始人，有「價值型投資教父」之美稱。他的投資理論啟蒙了巴菲特等許多億萬富翁，至今他們對於價值型投資法仍奉行不悖。

仔細觀察巴菲特的投資策略，可以發現他認真研究產業前景，選擇真正獲利或是生產刮鬍刀、可口可樂等日常生活用品的企業，不碰「築夢」型或沒有營收的公司。接著，他用低價買進後長期持股，以賺取最大利潤；遇到好股票下跌時，反而加碼投資。

儘管巴菲特曾在科技股的投資中遭遇虧損，但整體投資組合的報酬率絕對是正值。顯見，他的投資哲學，值得想要成為智慧型股票投資人好好學習。

什麼是TRF？

目標可贖回遠期合約（TRF）是一種匯率的衍生性金融商品。一九九三年，國內正式開放外幣對外幣匯率選擇權商品，央行也將TRF歸類為選擇權產品之一。

TRF交易方法是由銀行與客戶對賭未來匯率趨勢。當客戶進行匯率單邊走勢的押注，押對方向時，獲利為「本金×匯差」；但若猜錯方向，虧損除了價差乘上本金外，還得乘上槓桿倍數，也就是「本金×匯差×槓桿倍數」，目前市場最常見的是兩倍槓桿倍數。

此外，還有一個重要設計，為客戶的累積獲利達一定金額時，銀行可以喊停；可是當客戶賠錢時，就必須等到合約到期才能結束，否則就必須斷頭，認賠殺出。

原則上，TRF合約期通常分為十二個月或二十四個月，每月進行一次結算作業，交易門檻多在一百萬美元（亦為投資人的本金）。至於客戶最後為何會慘賠出場？

由於國內銀行盛行銷售以人民幣為標的的TRF商品，假設人民幣區間為六．二五元至六．三元兌一美元時，投資者損益兩平；人民幣貶破六．三元，賠差價兩倍以上；人民幣升至六．二五元以上，投資人賺錢。

由此可見，TRF是一種獲利有限、虧損無窮的衍生性金融商品，投資之前不得不慎，以免血本無歸。

●人民幣匯率6.15元

本金×匯差＝100萬美元×（6.25－6.15）＝獲利10萬美元

●人民幣匯率6.35元

本金×匯差×槓桿倍數＝100萬美元×（6.25－6.35）X 2＝虧損20萬美元

2-2 先保障後求利，先規劃風險再求獲利

全球經濟風險無所不在，尤其是當有黑天鵝亂飛時，投資更要有所「本」。在追求高額報酬與風險控管之間，投資人必須先建立「先保障後求利」的理財思維，才能幫助自己沉著冷靜地累積資產，並安穩度過市場亂流期。

其實，不論古今中外，許多成功投資者都秉持「投資前至少要先保住本金，再來追求獲利」的態度。股神巴菲特的經典名言「不要賠錢」，相信大家對這個建議都耳熟能詳。因此，唯有事先認清風險、追求合理可達成的報酬率，並遵守「先求不敗，再求勝」的投資策略，才能讓自己的投資理財之路走得安穩又長久。

▼做好風險控管，才能安穩獲利

任何人投資理財，第一步都是先存錢，同時手邊一定要保留一筆可供臨時周轉的緊

急預備金，所以要理財，不能一開始就只想著投資，一定得先有本才行。

很多人以為增加收入，自然就能存到本錢。然而，收入愈高的人有時反而愈不懂得存錢，畢竟再怎麼會賺錢，如果留不住錢也沒用。正如經營之神王永慶的名言：「你賺的一塊錢不是你的一塊錢，你存的一塊錢才是你的一塊錢。」

除了努力存錢之外，還要認清楚「投資本身就具有風險，絕非穩賺不賠」的事實。在實務經驗中，我們常可以看到，有的人在完全未做研究功課下，就把所有資金都投入股市；也有的人買股票後，卻不懂得獲利了結或適時停損，以至於最後反而虧了不少錢。凡是在資本市場中跌過跤的人，大多會領悟到「要先守住錢，才能想賺錢」，以及「風險永遠要先擺在前頭」的理財之道。

大家都知道保本的重要性，但以保住資本為第一原則，並非意味著不投資，因為獲利與損失是一體兩面，如果永遠不投資、不冒險，也代表難以快速累積財富。多數人視風險為毒蛇猛獸，殊不知投資最大的風險就是不冒風險，因為零風險等於零回報，不肯冒風險，通貨膨脹就會吃掉未來的實質購買力。更何況，即使是銀行定存，也要面臨低利率風險。

換句話說，若只追求零風險的投資，根本是因噎廢食。投資人真正應該要做的是，做好風險控管，才能避免自己陷入投資風險而受傷。但該如何保住本金呢？首先，千萬別碰不懂的理財商品；其次是，別沉迷於短線投機，以為自己可以神準地抓住每次市場進出點。

由於投資市場具有許多不確定性，盲目追漲殺跌的結果，最後可能落得白忙一場，甚至嚴重虧損。因此，對一般上班族而言，分批投資比單筆投資好，定期定額及中長期投資比短線進出更為有利，只要事先做好資產配置，再讓時間與複利發揮其效果。

最後是謹記，別輕易動用老本。坦白說，風險並不可怕，真正可怕的是投資人自以為能承擔所有風險，所以評估最壞情況很重要。一般來說，投資最壞的情況就是：老本全賠光。

投資前，不妨先捫心自問以下幾個問題：「如果這筆資金全部賠光，我能承受得住嗎？」、「會影響我的生活費嗎？」、「會讓我無法專心工作嗎？」、「會打亂未來中長期的理財計畫嗎？」

如果最壞情況都能接受，甚至已經做好萬全準備，自然就能放心面對任何一種投資風險及結果，減少因情緒作祟而做出錯誤的投資決定，並能安穩獲利。

▼善用多元配置，為資產保本

有了本錢之後，才可以談投資；而在投資前，一定要先做好資產配置，別把雞蛋放在同一個籃子裡。這些話雖然都是老生常談，但善用多元配置確實可以幫助投資人減少直覺式或過度集中的投資風險，尤其是當投資人面對市場變數，無法精確掌握市場脈動時，更能凸顯資產配置的重要性。

基本上，資產配置可分為核心資產、衛星資產等兩大類。建立核心資產的目的，是為了先求保本再求獲利；至於衛星資產，則是希望能強化投資收益。不論核心或衛星資產，作法上都是先設定投資時間與期望報酬率，然後依據個人的風險承受度，來做適當的股債比例分配。

投資理財是一條漫漫長路，寧願慢慢走、穩穩走，也不要倒退嚕。只要每年的投資報酬率都很穩定，長期累積下來的獲利就會非常可觀。

但仍要提醒的是，投資用的本金必須是短期內不會動用到的閒錢。除此之外，身邊還要預留足夠的錢，讓自己能安心生活。保守型投資人可能需要一年的生活費額度，作為緊急準備金；積極型投資人也應該要預備至少六個月的生活費。這些都是投資理財上必備且重要的風險控管觀念，畢竟「留得青山在，不怕沒柴燒」，如此才能確保自己的資產可以穩健成長，打造人生的安全防護網。

理財小叮嚀

近年來，頻傳民眾的存款、股票或投資商品，遭銀行理財專員、證券公司營業員盜領或盜賣的事件。除了金融機構必須持續加強內控機制之外，消費者也應謹記，即使是再熟的理專或營業員，個人的存摺和印鑑都不應交由對方保管。

為求下單方便，許多人將存摺、印章、取款密碼及下單密碼交給理專或營業員保管，心想只要打一通電話給理專，就能搞定轉帳、提款、資金調度等問題。看似省下所有麻煩事，但這樣一來，也讓理專有了動手腳的機會。

事實上，銀行和證券公司本來就會規定理專或營業員不得替客戶保管存摺、印鑑等證件。只是有些客戶與理專或營業員往來時間一久，在信任度提高後，為了方便轉帳、提款及下單，就把證件交給對方。結果，三不五時傳出客戶資金被挪用、基金遭到盜賣等消息。

要避免類似情況發生，民眾除了自行保管存摺、印鑑等重要證件之外，也應定期檢查自己的銀行或證券戶頭。此外，在使用印鑑前，也要先確認單據的用途，千萬別將已蓋好印章的空白取款條隨意交由營業員填寫金額或身分資料。儘管這些提醒都是老生常談，卻是保護個人資產之道。

2-3 中長期穩健獲利的重要性

在資本市場中，短期致富與長期獲利，兩者究竟孰優孰劣？其實，很多投資人心目中幾乎都是夢想著短時間之內能獲取暴利，但在買進股票或基金後，往往因股價或基金淨值變動幅度未如自己預期，最後才從原本想要短期實現獲利變成長期持有，成為名符其實的中長期投資人。

或許有些人的運氣奇佳，在股市中先大賺了九十九次，卻沒想到最後一次是全部倒賠光，顯見忽略中長期穩健獲利的重要性。股市錯綜複雜，常讓許多人覺得投資理財很難，擔心一不小心就會蝕本而歸。到底該怎麼做，才能聰明投資穩穩賺呢？

事實上，幾天內賺十幾趴，或一個月內賺一倍，這種短期獲取暴利的激情確實令人難以忘懷，但多半只是曇花一現而已。唯有中長期穩健獲利，才是一般投資人的股市生存之道。因此，如何在資本市場獲取長期且穩定的收益，應是大多數投資人追求的目標。

▼穩穩賺遠勝於大起大落

任何投資商品，大致上可分為長期持有與波段進出等兩種操作模式。有些人喜歡投資定存概念股，藉由每年定期配股配息而獲利；有些人則喜歡利用波段操作，賺取價差，一旦下跌就立即停損。儘管這兩種操作模式各有其擁護者，但整體而言，長期持有的投資方式較簡單又穩健，中長期獲利績效也比波段操作來得好。

一般投資大眾偏好波段操作，主要原因是人人都懂「買低賣高」的道理，以為只要憑著幾個簡單的財報觀念，例如營收、稅後淨利、本益比及每股盈餘等，加上每天看技術線圖，就可以在股市搶進殺出。

由於波段操作偏重短期績效，縱使偶有小賺，也是運氣成分居多，獲利模式並無法長期複製，自然難以創造財富累積的效果。結果是，大部分的人都以賠錢收場，難免感嘆：「花了那麼多心力，最後卻是白忙一場。」

老實說，法人銀彈多，又有研究團隊及專業分工。相較之下，一般散戶投資人資金有限且分散，難以選在最低點時大量買進股票，加上市場資訊又不對稱，當利多消息出現時，往往已經是第二手甚至第三手消息。對散戶而言，想要抓準停損及停利點根本是難上加難，無怪乎最後總是買在高點、賣在低點，賠比賺還多。

凡是走過大起大落的股票族，多半都能體會中長期穩健獲利的好處。所謂中長期獲利，通常指投資時間至少五年以上，甚至是十年或二十年之久。畢竟，金融市場本來就會有波動起伏，投資結果也會隨著市場漲跌而賺賠不一。因此，實務上不能只以一年的報酬率來評估投資標的與績效，最好是以三年、五年，甚至是十年以上的期間來做評估，所得到的結果較為準確。

中長期投資的好處在於，除了有機會賺取資本利得的價差之外，更重要的是，透過每年配股配息，可讓股票生股票、現金生現金；然後，再把每年配發的股票與利息投入股市，使錢滾錢之後，產生複利效果。

▼中長期穩健獲利的關鍵

想要達到中長期穩健獲利的目標，重要關鍵決定於資產配置，以及投資組合「再平衡」（rebalance）策略。

談到資產配置，許多人都朗朗上口。有的人認為資產配置就是做好股債比例分配，其實不然。也有人以為買了十幾檔基金就是資產配置，其實這頂多只能算是分散投資而已，甚至是亂槍打鳥。遇到套牢時就繼續放著不管，結果基金檔數愈來愈多，反而達不到資產配置的功效。

根據國內外長期研究，八〇%至九〇%以上的風險與報酬結果，都是由資產配置所決定。簡單來說，想要達到資產穩定增值的目的，唯有資產配置才是王道，而且一定要是中長期投資。以我客戶的經驗為例，因事先做好資產配置，投資時間長達十年下來，每年都能穩健獲利至少三%到五%。比起忽高忽低的報酬率來得更好，更能創造細水長流的財富效果。

除了資產配置外，投資組合再平衡，更是另一重要關鍵，執行方式可不是把績效表現差的股票或基金賣掉而已。真正的再平衡是，考量到市場經過一段時間的波動後，股債比例會偏離原先設定的比例，此時就必須做調整。比方說，原先設定的股債比為六比四，若股市大漲、債券下跌，股債比變成七比三。為了使股債比接近原先設定的比例，就必須執行再平衡，也就是賣掉股票、買進債券。

假設一名投資人以一百萬元做資產配置，股債比例設定為五比五，投資組合再平衡的具體作法，說明如下圖。

再平衡的好處是，強迫自己逢高賣出、逢低買進，無形中可以克服「買高賣低」的人性弱點。若能有紀律地長期執行下來，有機會創造較高的投資報酬率，且投資風險較小。一般建議可定期檢視，如每月、每季或每年檢視一次，遇有偏離時就調整；或是採臨界平衡，例如只要股票比重超過一成，就透過再平衡的機

◎投資組合再平衡示意圖

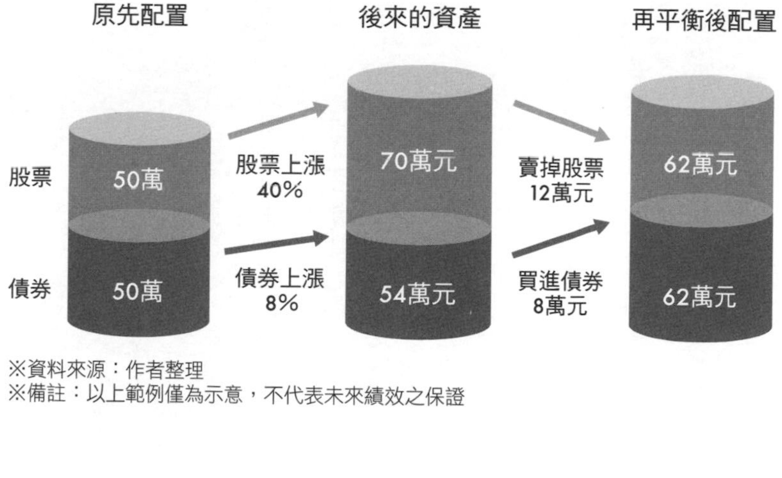

※資料來源：作者整理
※備註：以上範例僅為示意，不代表未來績效之保證

制，還原最初的股債比例及風險承受程度，以實現原來設定的投資目標。

理財小叮嚀

國人在追求穩健獲利時，有偏愛「高配息基金」的迷思，惟要小心此類理財商品可能「保息不保本」，原因在於配息可能來自於本金。例如，某檔高配息基金近一年配息率為一〇%，但其配息有二〇%來自本金，此時就必須再乘以〇．八，將配息率還原，才是真正的基金收益。

由於部分投信公司競相以高配息率為銷售訴求重點，誘使投資人申購基金，卻未正確告知基金「高配息率」背後所代表的意義，等到投資人贖回時，才發現「高配息」有可能是「本金贖回」，「高配息率」只是投信公司銷售手法。為解決此亂象，金管會已於二〇一四年十二月規定，境內外基金的配息來源若涉及本金時，必須公開揭露相關警語。

除了基金配息率並非投資報酬率之外，當配息從部分本金而來時，將使投資人持有的單位數降低，因而可能影響再投資的複利效益。所以在此要特別提醒各位投資人，申購基金時應審慎評估基金投資風險、報酬，以及基金的配息政策等相關資訊。

第3章

全生涯理財規劃

3-1 理財規劃對人生的重要性

一般人談到理財，腦海中浮現的若不是投資，就是賺錢。事實上，所謂理財規劃的涵蓋範圍非常廣泛，包括資產配置、出國旅遊或深造、結婚、購屋、子女教育金、退休養老金等，而且不僅追求穩健獲利、達成理財目標，還要事先做好風險控管。

由此看來，理財是理一生之財，管理個人一生至終老前的現金流量與風險。畢竟，在人生旅途中，常會依人生不同階段而設定各種目標，但同時也會遭遇挑戰與變數。理財規劃的好處，在於可協助個人循序漸進達成目標，萬一發生無法掌控或突如其來的意外時，又能有效降低風險變數所帶來的衝擊。

▼投機、投資、理財，大不相同

雖然有不少人都夢想一夕致富，然而，除非中樂透，突然擁有一大筆幸運之財，否則按部就班做好理財規劃，才有可能脫貧致富，實現財務自由的終極目標。

不過，在學會理財規劃之前，應先區分投機、投資及理財的心態有何差異。簡單來說，投機是利用短時間內操作，賺取中間價差，可是這樣的操作方式通常只能賺到短利，卻無法獲得長期而穩定的報酬。投資則是投入資金後，透過中長期的持有，來獲取相對報酬或是穩定的現金流收入。至於理財，更需要傾注一生的時間，持續地對各種人生目標重複以下的循環過程：**設定→計劃→實行→檢視→調整**。

俗話說：「你不理財，財不理你。」足見，理財規劃對人生的重要性不言而喻。但如果腦袋想著投資，行為卻是投機，就很容易陷入想要快速發財的迷思中，忽略了資產配置及風險控管的重要性。

另一個常見的迷思是：「等我有了錢後，再來學習理財規劃。」事實上，正好相反，應該是「開始理財規劃後，才會有很多錢」。如同減重的人開始節食和運動後，才會逐漸達成瘦身的目標，他們可不會說：「等我瘦下五公斤後，再開始節食及運動。」

因此，當社會新鮮人進入職場工作，領到第一份薪水時，就可以開始做理財規劃。

此外，理財規劃並非如一般民眾所認為買股票、基金或保險而已，也絕對不是追求錢財愈多愈好。理財規劃的真正精神，在於按部就班實現人生各階段的財務目標與需求，最終達成快樂富足的人生。因此，無論是處於哪一個人生階段，都必須重視理財規劃。

經過上述討論後，相信大家應該都能認清楚，不論是賺錢（工作或投資收入）、用錢（生活支出）、存錢（資產）、借錢（負債）、省錢（節稅）及護錢（保險與信託），都只是理財規劃中的一部分。另外，掌握資金流向、作資產配置，也是理財規劃中很重要的一環。

▼資產配置：理財規劃的核心重點

資產配置，可說是理財規劃的核心重點。但究竟該如何做好資產配置？多數人以為資產配置是投資部位的比例分配，例如手上有一百萬元，有些理財專家便建議股票、債券、現金的持有比例，應該分別為五〇％、三〇％、二〇％。

不過，這樣的說法只對了一半，因為這只是投資部位的配置，不能稱為整體性的資產配置。所謂的資產配置，應該是把個人或家庭的所有資產都拿出來一一檢視，當然也包括存款、房地產、投資收入、緊急預備金及保險等。如此一來，才能如實算出自己或整個家庭究竟有多少資金可用來投資，並把投資當作固定生活支出的一部分。

當你清楚可投資金額的比重後，再依照個人年齡、理財目標、投資屬性、風險偏好、市場狀況等因素，設定期望報酬率，然後決定將多少的資金比例分配到股

圖3-1　決定投資組合長期績效好壞的重要關鍵

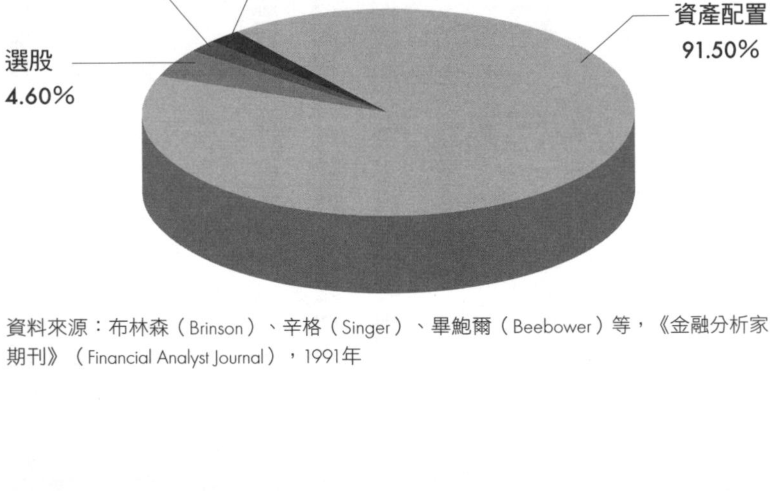

資料來源：布林森（Brinson）、辛格（Singer）、畢鮑爾（Beebower）等，《金融分析家期刊》（Financial Analyst Journal），1991年

票、債券、基金、貨幣及房地產等金融工具上，最後規劃出適合自己或整個家庭的投資組合。當然，投資組合長期績效好壞，資產配置仍是最重要的關鍵（見圖3-1）。

值得提醒的是，高報酬必然伴隨高風險，天底下絕對沒有高報酬、低風險的理財工具。因此，建議高報酬、高風險的理財商品最好只能占投資組合的五%到一〇%，而複雜金融商品的比重也不宜過高。這樣才能在可承受的風險下，獲取最佳的報酬，同時也禁得起多空市場的考驗。

另一個值得留意的陷阱是，許多人誤以為自己買了十幾檔股票或基金，就代表有作資產配置。嚴格來說，這樣頂多只能算是分散投資而已，甚至是亂槍打鳥。因為看似分散成很多檔股票或基金，但如果仔細觀察持有股票或基金的內容，發現都集中在某一產業、市場或彼此相關性很高，就不見得能降低風險。正確的作法應該是依不同區域、產業，再搭配不同理財工具，經由縝密布局、長期持有及持續投資，才能真正有效分散整體投資組合的風險，達成預設的報酬率。

另外，資產配置若要維持一定的比例，最好定期執行「再平衡」的策略。由於金融市場會波動，各類投資商品的漲跌幅不盡相同，如果放任不管，原先設定的資產配置比例可能會逐漸變調。因此，為了回復原先配置的比例，需要透過再平衡來逢低買進、逢高賣出。

不過，「低買高賣」的原則看似是簡單的道理，卻大大地違反人性，實際操作起來並不容易。事實上，再平衡的最主要用意是風險控管。

▼不只穩健獲利，還要風險控管

所謂風險，指的是財產或投資蒙受損失的可能性，當未來的不確定性愈大，面臨的風險通常也愈高。

股神巴菲特（Warren Buffett）有句名言：「投資股票不難，永遠要記住兩條準則。第一，不能虧錢；第二，永遠不能忘記第一條準則。」換句話說，想要投資成功，應該學會控制風險；你可以獲取多少投資報酬率，將取決於你的風險承擔能力。至於如何判斷個人的風險承受度？年齡、收入、家庭責任、對產品熟悉度，以及可忍受投資虧損的程度等，都是可納入考量的重點。

基本上，不論年紀多大或身處於哪一個人生階段，在進行理財規劃與資產配置時，都應以風險控管為前提。風險管理計畫也包含預先做好保險的安排，提供足以規避風險的保障。

投保保險的主要目的是，當意外事故發生，使得個人或家庭現金收入無法支應當下或日後支出時，仍能有一筆金錢或收益可彌補缺口，以降低對人生所造成的衝擊。例如壽險的功能是防止現有的生活水準受到影響，醫療險是為支付大額醫療費用，失能險是彌補收入損失的替代所得收益，房屋險、車險與責任險則是保護有形資產與責任風險的移轉。

因此，想要靠理財規劃致富，一定要以風險控管為前提，做好資產配置。透過適當的資產配置，累積財富的速度雖然較緩慢，但至少是持續正成長。捫心自問：你希望每年穩定獲利三％到五％，還是第一年漲一〇％、第二年漲一五％、第三年卻出現負三

○%的虧損？若拉長時間來看，其實穩健獲利加上長時間的利滾利，絕對比猶如坐雲霄飛車追求高報酬來得更好。

當然，人人都會做計畫，但光說不練是無法達成夢想的。二次大戰期間，曾擔任歐洲戰區盟軍最高統帥的美國總統艾森豪（Dwight David Eisenhower）曾說：「計畫本身微不足道，制訂計畫的過程才是最重要的。」（Plans are nothing. Planning is everything.）因此，我們可以把艾森豪的名言理解為：光憑漂亮的理財計畫絕對不夠，唯有付諸實際行動，才是理財成功的關鍵！

3-2 SMART原則與理財規劃的步驟

成功的人都善於規劃自己的人生，並在尚未成功之前就已養成良好的習慣。第一步先從設定明確的目標開始，擬定詳細計畫，然後按部就班、逐一執行，最終實現夢想。

隨著全民理財時代的來臨，愈來愈多人把理財致富列為人生一大目標，希望有朝一日能過著財務自由、時間自由的樂活人生。不過，財富的累積，靠的不是個人賺進多少收入，而是如何有效「管理」自己的資產。因此，理財規劃可說是人生中最重要的終身大事，其重要性不亞於成家立業。

尤其是在不確定風險益加頻繁的年代，想要練成「富腦袋」，加深「富口袋」，理財專家暨理財網站MyFabFinance.com創辦人譚雅・雷普利（Tonya Rapley）說得最好：「人人都有創造財富的能力，只是需要一步步達成目標的好方法。」

那麼，我們該怎麼做呢？

▼善用SMART原則，設定理財目標

設定目標，是理財成功的第一步。每個人的目標不盡相同，初入職場的社會新鮮人，可能想要出國深造或旅遊、償還學貸；剛結婚的年輕夫妻，也許打算購屋、購車及生兒育女；當孩子長大離家後，空巢父母開始要面臨由職場中退休的養老生活，得思考如何擁有安心自在的下半生。

不論目標是短期的旅遊、結婚、購車，或中長期的購屋、準備子女教育金及退休金等，建議不妨參考「ＳＭＡＲＴ原則」來訂定財務目標，以利將人生夢想轉化成具體可行的執行計畫。

所謂「ＳＭＡＲＴ原則」是由以下五個英文單字的字首所組成，分別是：

S↓明確的（Specific）：理財目標的內容、預計達成時間表，以及執行方法，皆須以書面方式詳細記錄，而且愈明確愈好，以免夢想永遠停留在腦海中的空想階段。

M↓可衡量的（Measurable）：應確實衡量實現目標所需要的時間與金錢，並將目

標數據化。

A↓可達成的（Attainable）：根據現有資產、未來收入及日標年限，在合理的假設情境下，訂定有機會達成的目標。

R↓符合現實的（Realistic）：考量經濟景氣、外在環境、個人與家庭條件等，設定符合現實狀況的目標。例如景氣較佳時或對積極型投資人而言，也許可訂定投資報酬率一〇%至一五%；但在經濟前景低迷時或對極端保守型投資人來說，設定投資報酬率一五%反而是不切實際的作法。

T↓具體的（Tangible）：達成目標的方法應具體可行，譬如以零存整付或定期定額買基金方式強迫自己儲蓄，並選擇理財商品，規劃出適合理財目標的投資組合。又如二十年或三十年的退休養老計畫，可落實為每年或每月的儲蓄及投資，同時也要定期檢視、調整退休金的累積進度。

設定完理財目標後，還要排列優先順序，決定哪些項目是一定要達成，哪些則是想達到但非必要的目標。另外，在把目標金錢化、數據化的過程中，除了設定合理的投資報酬率之外，亦須考慮通貨膨脹率的因素與投資工具的差異。

值得提醒的是，在追求目標的同時，也應為自己及家人事先準備好一筆緊急預備金，以因應突發的緊急事件。一般來說，應預留至少三到六個月的緊急預備金，以支應房租、生活費及醫療費等基本開銷。

▼不同年齡，需要不同理財策略

事實上，每個人踏入人生不同的階段，都會有不同的資金需求。可是，理財規劃並無套裝產品，必須隨著年紀、身分、承擔的人生責任、風險偏好等因素來加以調整，才能設計出適合自己的理財策略與方案。

對大多數人而言，人生可劃分為五個階段，包括：**踏入社會**、**結婚生子**、**購屋**、**準備醫療支出**、**存退休金**。透過檢視這些階段的財務需求，愈早開始規劃，愈有機會達成理財目標。

首先是踏入社會的階段，二十至三十歲的社會新鮮人剛脫離父母保護傘，開始靠薪水養活自己，並學習經濟獨立。也有不少人一畢業就背負逾十萬元的學貸，因此擁有穩定收入後，在資金分配上應以償還學貸為優先，讓自己早日擺脫負債，開始累積人生第一桶金。

考量到初入社會的年輕人大多以大眾運輸或機車代步，發生意外事故的機率相對較高，因此即使收入有限，仍應做好風險規劃，包括投保定期壽險、意外險、醫療險等，先建構好基本保障，才不怕風險來臨。若有閒錢，再考慮申購定期定額基金，此時不建議購買保費較高的儲蓄險。

此外，年輕人的理財重點，也應放在投資自己、提升賺錢的能力上。職場上的自我進修，可分為精進專業知識與技能、發展多元興趣等兩大類，後者可是與投資理財息息相關。

到了三十而立之年，即將步入成家立業的階段。若是單身族，可能要開始儲存結婚、購車及購屋基金。婚後不生小孩的頂客族，除了每月房貸支出外，應重視未來長期醫療照護、每月退休金收入的規劃。

如果夫妻雙方計劃生兒育女，人生責任和財務風險為此階段的規劃重點。由於不少人是「上有老、下有小」，承受龐大的工作與經濟壓力，因此家中唯一的經濟支柱特別需要拉高壽險比重，不妨可考慮定期壽險，萬一發生不測，還能負擔房貸、小孩到成年的教育費用，以及全家人未來幾年的生活支出。值得注意的是，此階段的風險規劃，應是父母優於小孩，行有餘力再購買孩子的醫療險，並利用定期定額基金或儲蓄險來儲存子女教養費。

年屆四十至五十歲時，要開始考慮退休問題，並思考每月流量還剩下多少錢？因為流量多寡會決定投資理財的工具。在此階段的理財規劃，大多集中於家庭收支、子女教育、贍養父母、健康醫療、退休養老等方面。畢竟，打拚了大半輩子，身體可能開始出現一些小毛病，必須提早準備足夠的醫療費用，讓自己與家人無後顧之憂。

此外，退休之前，要確保自己有足夠的積蓄，足以支付退休後的個人與家庭開銷。目前，《勞基法》五十四條明定強制退休年齡為六十五歲，勞退新制目前則為六十歲，為了讓自己在提早退休或是退休後的二十到三十年內能安心養老，愈早開始準備退休金，將能愈快達成目標。

退休以後的人生，除了享清福之外，也應開始規劃資產傳承與分配，並提早做好節稅規劃。高資產族若擔心子女無法妥善理財或有心人士覬覦財產，可考慮將財產交付信託，藉由信託規劃家族資產，以順利傳承下一代或做適當分配。

▼依風險偏好，挑選適當理財工具

除了年紀、人生階段之外，個人的

◎不同年齡的理財重點

年齡	人生階段	理財重點
20至30歲	社會新鮮人	償還學貸、自我充實、存第一桶金
30至50歲	單身族	累積結婚、購車及購屋基金
	頂客族	償還房貸、累積長期醫療照護及退休養老基金
	成家立業族	償還房貸、累積子女教育、長期醫療照護及退休養老基金
50至65歲	幸福壯年族	累積長期醫療照護及退休養老基金
65歲以後	退休銀髮族	資產傳承與分配、節稅及信託規劃

風險承擔能力也與理財規劃息息相關。一般而言，積極型投資人可承擔高度風險，穩健型投資人可承擔中度風險，保守型投資人可承擔低度風險。

該如何確定個人的風險偏好類型？銀行或投信公司依規定皆有提供「風險屬性評估表」給客戶填寫，內容包含個人基本資料、財務背景、所得與資金來源、風險偏好、過往投資經驗及投資理財需求等，再依答案計算出總分後，歸納出積極型、穩健型及保守型等三種風險屬性類型。不同的風險屬性代表對風險承擔的程度不同，必須隨之調整適合的投資商品。另外，「風險屬性評估表」也應定期檢視與更新。

值得提醒的是，報酬與風險成正比，市面上絕對沒有高報酬、低風險的理財工具。如果聽到「保證獲利」或「保證投資報酬率五％以上」，應格外小心，以免受騙上當。

從踏入社會、結婚、購屋、養兒育女到退休養老，每個人都會面臨不同的人生階段，唯有瞭解自己的財務需求，及早做好準備，才能有效地累積財富，進而掌握自己的人生。

3-3 好的理財規劃師協助的重要性

套用股神巴菲特（Warren Buffett）的名言：「當潮水退去時，才知道誰在裸泳。」二〇〇八年，全球金融海嘯來襲後，投資人才猛然發現，原來許多理專都在裸泳，從此對銀行、理專的信任度大打折扣。

尤其是不少人在理專的舌粲蓮花下，投入可觀的資金甚至是畢生積蓄，購買號稱「保本又保息」的連動債。他們原以為連動債與銀行定存一樣毫無風險，沒想到卻是一顆地雷，導致最後血本無歸，紛紛痛罵理專「不理也不專」。

連動債投資商品糾紛，使國內理專的形象一度跌落谷底。但事實上，在國外，好的理財規劃師與好的家庭醫師同等重要。專業的理財規劃師能夠透過面談、問診及財務檢視，瞭解客戶當下的財務狀況、未來財務目標，以及可能遇到的風險，然後從中找出問題點並加以檢討與分析，再提供對症下藥的建議。因此，慎選好的理財規劃師，可說是影響財務目標能否達成的一大關鍵要素！

▼挑選優質理財顧問的五大原則

基本上，專業的理財規劃師並非以銷售產品為掛帥，而是猶如家庭醫師能針對個別情況，提供客觀的診斷與諮詢。因此，理財規劃並無套裝產品，唯有量身打造，並定期檢視與調整，才能讓人在理財規劃上無後顧之憂。

只是，如何才能找到優秀的理財顧問呢？不妨參考以下五大原則，找出最適合自己的財務規劃師。

年資

雖然資深不等於優秀，資淺也不代表沒有獨到見解，但選擇理財規劃師時，仍應以資深、長年績效良好者為優先，畢竟資深者通常擁有較豐富的經驗與人脈網絡，能提供跨領域的服務。當然，如有協助客戶理財規劃成功的案例更佳。

專業度

具備理財專業知識及證照，並擁有整合能力，可將所有財經知識、技術與金融商品融會貫通。當前最熱門的國際金融證照，包括特許財務分析師（Chartered Financial Analyst，CFA）、理財規劃顧問（Certified Financial Planner，CFP）、金融風險管理師（Financial Risk Manager，FRM）。不過，此三張證照的功能與用途不同，其中又以理財規劃顧問證照（CFP）與理財規劃師的關係最密切。

友善度

好的財務規劃師能提供中長期的合作，而非一次性的商品銷售。因此，最好選擇在銷售金融商品後仍持續與客戶聯絡的理財顧問，他們除了提供各種國內外財經、產業訊息之外，還會關心客戶的投資績效，主動提醒何時應停損或停利。

透明度

專業的理財顧問是不可多得的良師益友，但也有理專僅能稱為「金融商品銷售員」，與真正的「理財規劃師」天差地遠。好的理財顧問應按照客戶需求做全方位考量，並著重風險控管，同時明白告知金融商品的特性、預期利潤及潛在風險，以示對客戶的權益負責。

信心度

專業的理財顧問一定要親自投資過，對各種理財產品的特性、效益、報酬與風險有深入的瞭解，並會購買自己所推薦的金融商品。

▼投資自己，充實理財專業知識

那麼，何種投資人需要財務規劃師的協助呢？如果一看到數字就頭暈眼花、對花錢無自制力；或是不確定目前的理財方式是否適合自己，希望透過諮詢來提升理財效率；

或是可投資資金相當充裕，需進行較多元的資產配置，卻又沒時間留心市場與產業趨勢等，這種投資人都可以考慮尋求專業協助。

但事實上，理財規劃無須百分百依賴理財顧問，可採取部分自己親自操作、部分委外專業協助的作法。例如，若可投資的資金並不多，像是新台幣五十萬元以下，便無須進行太過多元的資產配置，應以親自理財為佳。

不論是親自理財或尋求理財顧問的專業意見，投資人本身也應努

◎善用5大原則，分辨好壞理財規劃師的差異

	可選擇的理財規劃師	需慎思的理財規劃師
年資	較資深且長年績效良好	資淺、過去績效不佳，或在任一家金融機構從未待超過一年
專業度	擁有專業證照，會立即補充最新財經及產業資訊	無專業證照，對最新財經訊息、產業新知，不懂卻裝懂
友善度	在銷售金融商品後，仍持續與客戶保持聯繫	銷售金融商品前十分熱絡，銷售後卻不聞不問
透明度	同時告知金融商品的預期利潤與潛在風險	只告知金融商品的利潤，卻隱藏可能的風險
信心度	會購買自己所推薦的商品	不購買自己所推薦的商品

力做功課，提高自己的理財能力與財金素養。根據財金智慧教育推廣協會公布的「二〇一六年全台青年財金素養調查報告」，發現台灣年輕人的財金素養普遍不及格，在投資管理方面，近八成無法判斷如何正確選擇投資工具，其中超過半數的受訪者甚至誤以為銀行定存能創造最多的收益。

其實，過去也曾有股民鬧過笑話，本來想買進聯發科（2454），結果卻買到聯發紡織（1459）。公司名稱相似，但股價天差地遠，足見做功課的重要性。

許多上進又認真的上班族，大多願意花時間與金錢提升專業及語言能力，希望藉此獲得升遷機會、增加收入。當然，投資自己的報酬率永遠是最高的，不過在精進工作與專業能力之際，可別忘了同時也要充實理財知識。

至於如何開始充實理財專業知識？建議可從自修看書做起，先到圖書館或書店挑選幾本理財規劃入門書來閱讀，並隨時關注財經媒體所報導的國內外財經消息。不斷充實理財知識，應是每個人生涯中不可缺少的必修功課。此外，也應切記，理財需要穩扎穩打，千萬別妄想一夜致富。

▼行動力，才是理財成功的關鍵

理財規劃要成功，除了自己要有基本財經知識、多與理財顧問交換意見之外，最重要的是，一定要付諸實際行動，然後定期檢討、調整及改進，才能幫助自己日後更順利達成理財目標。

財務學上有句名言：「市場上沒有自動印鈔機（There is no money machine）。」換言之，無論是親自理財或委由理財規劃師專業管理，理財成功的關鍵在於執行力，否則財富是不會不請自來的。

那麼，該如何付諸行動？不妨趁歲末年終時，回頭檢視自己的理財績效，為過去一年的理財狀況進行年度財務體檢。檢討重點如下：

- 這一年來，工作收入是否有增加？儲蓄的金額是否符合原本的預期？
- 支出預算是否控制良好？
- 如果你是一家之主，是否有足夠的壽險、意外險及醫療險等保障？股票、債券或基金投資績效如何？

- 是否該獲利了結或停損出場？
- 在一年的尾聲，是否已朝著年初所設定的理財目標又更接近一點？

當檢視自己的資產健康狀況後，總會有些改進的想法，必須要能落實這些調整方案，才能逐漸接近理財目標。若對投資方向調整不太有把握，建議可尋求理財規劃師的專業意見，共同討論出最適合現狀的理財工具。

全球最大電商業者阿里巴巴集團創辦人馬雲在一場公開演講中，這樣鼓勵想創業的人：「我覺得做一件事，無論失敗與成功，經歷就是一種成功。你去闖一闖，不行你還可以掉頭；但是你如果不做，就像晚上想想千條路，早上起來走原路。」

由此可見，人人都有夢想，可是真正付出行動且堅持到底的人卻少之又少。理財規劃也是如此，與其坐而言，不如起而行，現在馬上行動吧！

第4章

財富管理業務介紹

4-1 銀行財管業務

低利差環境，使銀行過去賴以維生的利差收入縮水，轉而積極開發財富管理業務，賺取穩定且無風險性的手續費收入。此外，亞洲地區包括台灣在內的高淨值資產人士（High New Wealth Individuals）的資產持續成長，也使得財富管理成為兵家必爭之地。

根據資誠聯合會計師事務所公布的《二〇一六資誠全球財富管理調查報告》，預計二〇二〇年時，全球資產管理規模（Assets under Management）將達一〇一・七兆美元。同年，亞洲富裕階層（mass affluent）擁有的資產將是四三・三兆美元；其中，亞洲地區（日本除外）高淨值資產人士的資產為二二・六兆美元，而亞洲資產管理規模將增加至一六・二兆美元。

該調查也顯示，至二〇二〇年，全球退休基金的資產規模估計將達五六・五兆美元，其中亞洲退休基金資產規模為六・五兆美元。隨著高齡化社會來臨，亞洲各國退休基金和醫療保健將成為重要議題，更是金融機構亟欲開拓的市場。

此外，麥肯錫公布的《二〇一四全球財富管理調查報告》，亞洲地區（日本除外）高淨值資產人士的資產每年成長高達一六％，到了二〇一八年，新增加的百萬富翁將創造九兆美元淨資產；其中，台灣高淨值資產人士的資產總額在二〇一八年將名列全球第十五位，亦為銀行財管業務的重要市場。

▼搶攻客戶，調降財富管理門檻

事實上，國內銀行發展財管業務已將近二十年，早期是櫃檯人員被動協助產品銷售，近年來則是紛紛成立財富管理或貴賓理財中心，主動推薦金融商品。一般而言，銀行提供財管服務範圍，不外乎資產負債管理、投資、風險管理與保險、退休、稅務、信託及遺產規劃等。

由於財富管理業務可為銀行帶來穩定且無風險性的手續費收入，加上八成以上的國人仍習慣自行理財，因此銀行在財管領域上還有很大的發展空間。為積極拓展財富管理市場，銀行的財富管理門檻也出現兩極化現象。有些銀行推出一百萬甚至五十萬元的低門檻，即可獲得專業財富管理服務；有些銀行則增設專人服務團隊及國際級財富管理服務，希望能獲得上千萬資產金字塔頂端客層的青睞。

嚴格來說，國內各銀行財富管理門檻並無統一標準，目前主要是依據客戶的可投資資產管理規模（房地產除外），來設立不同的會員條件與開戶門檻。傳統上，大多數銀行訂定的財富管理客戶門檻約三百萬元左右。但在市場激烈競爭下，不少銀行為搶生意大幅降低門檻，甚至客戶的可投資資產管理規模只要達到五十萬元，就能走進銀行的貴賓理財中心。

銀行降低財富管理門檻的主要目的，是為了培養未來忠誠的理財客戶。假設客戶目前的資產管理規模為五十萬元，經由銀行提供專人理財服務後，資產增加到一百萬元、五百萬元，甚至是一千萬元時，對銀行的忠誠度將會大大提高。

此外，銀行細分客戶群的另一目的，在於假設「不同資產的客戶理財需求大不相同」。比方說，擁有「第一桶金」的客戶，大多對理財充滿高度興趣，希望快速累積財富，追求較高的報酬率。但擁有上千萬元資產者，通常以保本為先，可投資的商品也較多元化。

值得提醒的是，成為銀行財富管理客戶，須留意往來資產規模若未達一定門檻，恐被按月收取帳戶管理費，或無法享受額外優惠。至於銀行認定的往來資產，通常包含現金、保險、基金投資金額等在內。

▼私人銀行業務，瞄準高端資產客戶

除了下修財管開戶門檻之外，也有銀行針對往來資產維持在三千萬元以上的客戶，提供頂級的私人銀行服務。所謂的私人銀行，其實是一種財富管理平台，提供中長期多元配置的理財建議，且投資理財區域不限於台灣。

過去，私人銀行業務大多是由外商銀行一枝獨秀，因為外銀具有全球據點、境外理財平台等優勢，較能全方位滿足高資產客戶理財需求。不過近年來，本國銀行也開始積極搶攻這塊大餅，凸顯了台灣高資產族群比率逐年攀升的趨勢。

私人銀行客戶需求可分為兩種，一是第一代企業主，年紀約五十歲至七十歲，正在思考如何讓下一代接班並傳承財富；二是在中國等海外地區投資多年的企業主，需要事業拓展上的策略與建議，例如購併（Mergers and Acquisitions，簡稱M&A）及首度公開發行（Initial Public Offering，簡稱IPO）。

仔細觀察台灣財富管理市場近年來的變化，可發現已有銀行從單純的產品銷售、個人量身打造，進一步衍生出以家庭或家族為單位。由此可見，歐美盛行已久的家族財富管理觀念開始在台灣萌芽。

目前有多家銀行紛紛設立私人銀行專屬服務團隊，成員包括會計師、律師、具有國際級認證的理財規劃顧問，以及熟悉法人金融業務的專業人員等。專業理財顧問將評估家庭會員各成員的風險屬性，提供最合適的資產配置建議，滿足一家大小各階段的理財需求，如子女教育基金、購屋置產諮詢，以及信託、稅務、退休規劃等，讓客戶資產能保值增值，並順利傳承給下一代。

▼數位金融：財富管理未來新趨勢

最近「金融科技」（Fintech）這個名詞十分火紅，已成為全球金融業最盛行的話題。根據《二〇一六資誠全球財富管理調查報告》，數位金融服務是未來理財顧問必須具備的基本能力之一。該調查也指出，六九％的高淨值資產人士已使用線上或行動銀行，逾四〇％的高淨值資產人士透過線上工具來檢視其資產及投資配置，超過三分之一的高淨值資產人士開始運用線上服務來管理資產，可見數位金融將成為財富管理的未來發展趨勢。不過，目前只有二五％的理財顧問透過數位方式來提供財富管理服務。

二〇一六年四月，某家大型跨國銀行在台灣推出「智慧財富管理」服務，對象為投資總值達二十五萬美元或以上的中高資產客戶，手續費採全年一千美元且分季收費方式。與傳統高端財管服務不同的是，智慧財管運用人工智慧系統，也就是理財機器人（Robo-Advisors）服務，根據客戶的風險意識、人生階段、資產規模和理財目標來設定投資策略，後續還會隨時監控投資動態、定期調整部位，以降低風險。

機器人理財的好處，在於透過系統理性分析後提供建議與諮詢，可大幅降低人為因素的干擾，避免真人理專只推薦抽佣較高的金融商品。此外，機器人也不會因為客戶資產高低而有大小眼。

然而，並非所有類別的投資者都將受到理財機器人的影響。根據特許財務分析師協會（CFA Institute）於二〇一六年四月所做「金融科技調查報告」顯示，一般富裕階層將受到最明顯的正面影響，但對於高收入所得的金字塔頂端階層來說，則不會有太大的改變（見圖4-1）。

儘管金融科技導致分行及人力縮減，但機器人理財不可能完全取代真人，目前看來，高資產客戶仍較喜歡真人服務。因

圖4-1　哪種投資人最容易受到機器人理財顧問服務的影響？

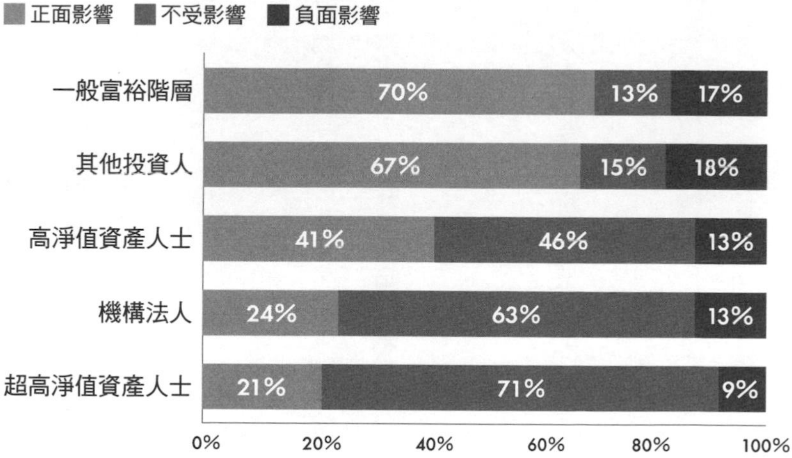

資料來源：特許財務分析師協會「金融科技調查報告」，2016年4月

此，與客戶之間面對面的溝通及貴賓理財服務還是很重要。然而，金融從業人員也必須因應金融科技浪潮來襲，及早轉型並同步學習成長，才能避免遭到淘汰的命運。

理財小叮嚀

一般認為，特許財務分析師（CFA）、理財規劃顧問（CFP）、金融風險管理師（FRM）是炙手可熱的鍍金證照，但其實鮮少有人同時擁有這三張證照，而且其功能也不盡相同：

- CFA以產業研究與分析為主，如個股研究報告、企業財報分析，通常研究員、證券分析師、基金經理人等須擁有此證照。
- CFP以個人財富管理、理財規劃為主，包含保險、稅務、信託、退休等，面向十分廣泛。

●FRM主要是針對金融機構進行財務風險控管，為許多金融機構風險管理部門的從業要求之一。

4-2 保險財管業務

台灣財富管理市場潛力無窮，不論是銀行、壽險、證券或投信業者無不積極搶食這塊市場大餅。二〇〇六年一月十三日，金管會訂定發布「人身保險業辦理財富管理應注意事項」，壽險業者才首度取得經營財富管理業務的資格。但直到二〇〇八年初，才有第一家壽險公司獲准從事財富管理業務。

對起步較晚的保險業而言，近年來同樣面臨經營環境的劇烈挑戰，包括國內投資獲利有限、利差虧損的陰影揮之不去，加上低利率導致傳統保單保費高漲，致使保險業失去長期穩定的收益來源，因此亟欲藉由財富管理業務，開創獲利成長的空間。

保險最重要的目的在於實質保障，分散生活的經濟風險。除了轉嫁風險之外，現在有愈來愈多人希望透過購買保險商品，達到儲蓄投資、保存資產、財富傳承、合法節稅等多元目標。此時，就必須借重理財規劃師或保險規劃師的專業，才能如實達成。

▼以保障為核心，追求穩健獲利

儘管壽險業者已正式跨足財富管理業務，但礙於證券法規，尚無法直接向客戶經銷基金產品。換句話說，依規定，壽險公司從事財富管理業務，只能行銷招攬保險商品。不過，若有金控體系「合作推廣」或「共同行銷」的奧援，仍可透過平台推介其他金融產品，以提供資產配置或財務規劃等服務，滿足客戶理財的多元需求。

基本上，在經營財富管理業務時，壽險業者與銀行業者的思考重點不太一樣。以銀行而言，其優勢在於通路多、商品線較齊全，並掌握客戶的資產與金流情況。因此，當客戶希望追求高報酬時，銀行理專可以善用各種金融商品的規劃與組合，盡力協助客戶達成理財目標。

相較之下，保險公司的財富管理業務則以保障為核心，追求穩健獲利，所以產品類型清一色是各種保單，尤其是專攻儲蓄、子女教育基金、退休金等金融商品，強調長期性規劃，鮮少有短年期的純投資型保單。

除了產品規劃重點不同之外，還有一個有趣的現象值得觀察，那就是消費者信賴銀行程度高於理專或銀行人員，而相信壽險業務員的程度卻遠甚於保險公司。因此，壽險業務員若能經專業訓練後，成為「行動理專」，加上把客戶對壽險業務員的信賴感，導引到財富管理業務上，對保險公司而言將是一大利基。

一般來說，保險規劃師可為個人、家庭、甚至家族提供全方位的諮詢服務。在深入檢視客戶既有保單，瞭解財務現況及理財需求後，通常會提出類似健檢報告的財務與風險評估分析，並針對保障不足的部分提出建議及解決方案，以達到風險轉嫁、資產傳承的效果。即使保險公司後來跨入財富管理業務行列，但保險規劃師不同於一般銀行理專，仍以人身風險管理為基礎，除了原有保險保障需求的規劃之外，還會發揮資產管理的專業，為客戶提供長期且穩健的資產配置建議。

▼未雨綢繆，守護與傳承家族財富

保險公司的客戶可分為一般民眾與高資產客戶。一般民眾的財務管理需求，以儲蓄、退休金為主，選擇的商品如投資型保單、年金險等。高資產客戶對於全球經濟情勢與大環境變動的敏感度甚高，尤其是稅法更迭、股市與房市波動，都會影響到每年身價變化，所以最在乎資產保全與財富傳承，再來才是資產能否增值。

華人世界向來重視家族傳承，希望能夠「富過三代」。將上一代辛苦打拚、累積的財富傳承給下一代，以庇護後代子孫，經常是許多高資產族的期望。因此，如何提早布局，透過適當的遺產規劃，搭配金融理財工具，以進行財富移轉與傳承，對高資產族而言是非常重要的課題。

針對跨世代財富移轉、傳承及分配的需求，保險是最常見的理財工具之一。原因在於藉由保險規劃，不僅能擁有充足的保障，並讓資產穩健增長，還可以指定身故保險金受益人，等到要保人過世後，在不受《民法》特留分的限制下，可將資產傳承給生前指定的子女或家屬，共創跨世代的財富傳承效益。

舉例來說，某客戶陳先生已屆臨退休，希望趁生前把財產平均分配給三名子女，惟其名下財產包含現金、股票、不動產及生意業務。為避免客戶的子女日後因處理遺產而對簿公堂，保險規劃師通常會建議客戶善用人壽保險單來做財富移轉規劃。運用壽險保單作為財富移轉與傳承的輔助工具，好處是可充分運用槓桿原理，將每年的保費轉化為較高保障的保額，為後人留下更充裕的財富。此外，要保人還可以按意願直接指定受益人，並隨時更改保單的受益人及各受益人的分配比率。

有些客戶則擔心自己身故後，如果子女年紀還小，保險金很可能遭到有心人士詐騙、不當挪用或被年輕的子女任意揮霍光。遇到此種情況，保險規劃師大多建議採取「保險金信託」方式，以確保子女能獲得保障，達到真正照顧家人的心願。

所謂保險金信託，就是將未來保險理賠金交付信託，作為信託財產。當被保險人不幸身故時，保險公司將保險金直接撥入受託銀行信託專戶，再由銀行依約定管理、運用及給付受益人保險金。

▼保險節稅需留意實質課稅原則

保險不僅是財富傳承的手段，亦是節稅的利器。根據目前法令規定，保險節稅可用於個人綜合所得稅、遺產及贈與稅等方面；其中，高資產族最常透過購買保險，作為合法節省遺產及贈與稅的工具。

依據現行《遺產及贈與稅法》規定，贈與人每人每年有兩百二十萬元可贈與子女的免稅額。因此，高資產族可在免稅額內，以子女名義購買生存保險，如短年期還本型壽險，藉由逐年的保費支出合法移轉資產，待子女長大後領回滿期金，可作為教育基金或生活費。此種方式不但可省下大筆贈與稅，保險期間累積的利息及紅利也免納個人綜合所得稅。但目前僅有壽險具此功能，產險商品則無。

不過，想運用保險來合法節省遺產稅，應先充分瞭解以下兩項規定：《保險法》第一一二條「保險金額約定於被保險人死亡時給付於其所指定之受益人者，其金額不得作為被保險人之遺產」；以及《遺產及贈與稅法》第一六條第九款「約定於被繼承人死亡時，給付其所指定受益人之人壽保險金額，不計入遺產總額。」

簡單來說，保險理賠金免納入被保險人遺產總額中計稅，其實是有前提的。首先是只有人壽保險金額，才得以免課遺產稅。其次是，要保人與被保險人為同一人時，當被保險人萬一不幸發生意外死亡時，受益人領取的保險金可免計入被保人遺產課稅；反之，要保人與被保險人為不同人時，當要保人死亡時，就不適用不計入遺產總額之規定，其保單價值應併入遺產總額課徵遺產稅。

事實上，按現行法令規定，指定受益人的人壽保險給付不計入遺產總額，主要是考量被繼承人為了保障並避免其家人因其死亡而失去經濟來源，使生活陷入困境，受益人領取的保險給付如再課予遺產稅，則有違保險終極目的。

但值得提醒的是，若有重病、高齡、短期、躉繳、鉅額、密集、舉債投保，以及保險費高於或等於保險給付等情形，將被認為是蓄意規劃投保人身保險，藉以規避遺產稅。稅捐機關仍將依據實質課稅原則，併入遺產課稅。

理財小叮嚀

人壽保險已不再是以往傳統認知的商品。保險規劃師為客戶所做的理財規劃，應以保險為核心，加上稅務、信託，合為「財富金三角」，尤其信託更是客戶達成財富傳承、照顧遺族未來生活等目標的最後一塊拼圖，絕不可以少。

4-3 證券與投信財管業務

隨著國人理財觀念與意識大幅提升，對於「財富管理」的需求日趨增加，龐大的財富管理市場，現在不但成為銀行、保險、證券及投信等各金融業者競相搶食的大餅，也是成長最快速的業務。

近年來，由於台股成交量低迷，加上投資人買股透過電子交易的比重增加，促使不少證券商紛紛尋求新出路，轉而積極投入財富管理和信託等業務。因此，證券商旗下營業員除了經紀業務之外，也要兼營國內外基金、保險及結構性產品，並提供客製化的理財服務，以滿足客戶投資理財的需求。

▼法規鬆綁，有助券商發展財管業務

早在二〇〇五年七月二十七日，金管會訂定發布「證券商辦理財富管理業務應注意事項」，讓證券業者首度取得經營財富管理業務的資格。然而，相較於銀行和保險業，證券商經營財富管理業務的步伐卻顯得緩慢且沉寂，原因在於開放之初，證券商未能兼營信託業務，欠缺銀行現行的信託架構來為客戶辦理財富管理，以至於無法大力推展財富管理業務。

直到二〇〇九年九月二十八日，金管會公告修正「證券商辦理財富管理業務應注意事項」，增加證券商可以採信託方式從事財富管理業務，以及證券商分支機構可申請財富管理與信託業務相關規定。自此，證券商經營財富管理業務的空間和營運模式才逐漸成形。

證券商得以信託方式辦理財富管理業務，兼營金錢信託及有價證券信託，有了信託帳戶後，就能為客戶執行資產配置，包括銀行存款、政府公債、國庫券、可轉讓之銀行定期存單及商業票據、債券附條件交易、國內上市或上櫃及興櫃有價證券、國內證券投資信託基金及期貨信託基金、衍生性金融商品等，也同時解決了開立多個不同交易帳戶的麻煩。

到了二〇一四年三月五日，自由經濟示範區金融服務正式上路，同時也允許證券商得以設立國際證券業務分公司（Offshore Securities Unit），正式辦理國際證券業務；同年七月，金管會開放證券商可經營集合管理帳戶信託業務，並大幅放寬投信、投顧、券商經營全權委託投資（代操）業務，無須先經金管會許可委任。這不僅讓證券業的財富管理業務更往前邁進一大步，也得以與銀行財富管理站在公平競爭點上。

此外，金管會也同意自二〇一三年十二月三十日起開放受託買賣業務相關人員得兼辦財富管理（信託）業務。如此一來，證券商不但可以整合既有通路資源，推動財富管理與信託業務，更有機會提升經營客戶投資理財業務的競爭力，進而擴大財富管理業務的規模。

為增加投資人交易便利性及降低交割風險，金管會於二〇一五年五月二十八日核准「證券商交割專戶設置客戶分戶帳作業要點」，讓投資人可選擇將交割款項留在券商的分戶帳中，銀行不再是唯一的選擇。

以往，客戶賣了股票後，錢就得回到銀行。開放證券商交割專戶設置客戶分戶帳後，證券商不僅能掌握客戶金流情形，有助於降低違約風險，並可視客戶資金狀況，推介適合理財商品。客戶也能藉由證券商代為辦理各類業務款項收付、簡化交割流程，享受證券商一站式投資服務。

不過，實務上證券商仍面臨了無法掌握大多數客戶金流與資產配置的難題。由於一般民眾對資金操作的觀念，仍偏向於習慣將錢存放在銀行操作運用，在證券商所開立的帳戶僅作為交割之用。因此，如何取得客戶同意，願意將交割款項留在證券商交割專戶，是證券商的一大考驗。

此外，證券商的客戶屬性以股票族為主，大多是積極型、追求短期獲利，偏好短線操作、甚至是當沖，風險承受度較高，雖然會下單買股票，卻不一定會購買強調中長期獲利的基金、保險等金融商品。對於證券營業員而言，如何轉換心態，幫助客戶創造更高報酬率，提供不同於銀行和保險業的差異化服務，亦是不小的挑戰。

▼銀行、壽險、證券及投信業各擁利基

在銀行、壽險、證券及投信各行業相關的財富管理規定都陸續上路後，財富管理市場正式進入戰國時代。目前，國內財富管理市場客層約在資產規模三百萬至三千萬元之間。若從財富管理業務的角度來看，以銀行所提供的商品線最為完整，加上因為掌握存款戶，較具有優勢；壽險公司主要從退休金市場切入；券商及投信公司則以多元投資商品為訴求。

迎接這場財富管理大戰時，銀行、壽險、證券及投信業者都是先以原來的客戶屬性作為基礎，然後再逐漸強化，進而擴大客戶來源。例如證券商為股市的主要投資交易管道，既有客戶承受風險的能力較高，在協助客戶投資理財規劃時，能有較大的彈性，積極型的投資人也比較願意接受券商管理資產。壽險產業具有保險保障的經營特性，又有龐大的業務人員為行銷及推廣金融商品的通路，能提供客戶個人化的理財規劃，滿足個別的理財需求，對於以保本為主的客戶較具有吸引力。

基金為國人主要的投資工具之一，投信公司專門銷售基金，尤其是在以穩健獲利為

主要訴求的定期定額基金市場掌握較大優勢。不過，即使政府已開放投信和證券業者經營財管業務，至今絕大多數投資人仍偏好透過銀行購買基金。事實上，透過銀行申購基金，一般投資人的手續費通常只有五至六折，高資產客戶才有三折的優惠；而證券商與投信業者合作所設立的基金平台，手續費優惠大多可壓低在二至三折以下，透過平台下單相對優惠許多。

除了手續費外，投資人購買

◎金融機構經營財富管理業務比較

	銀行業	保險業	證券業	投信業
優勢	掌握客戶資金情況，商品線較齊全，分行據點多，交易便利性高	業務人員與客戶建立長久關係，在退休金市場較有發揮空間	客戶風險承受度較高，投資操作較有彈性；可代銷基金，與投信公司合作	在定期定額基金市場掌握較大優勢，手續費折扣優惠較多，能吸引追求穩健獲利的投資人
劣勢	加收信託費用，附加費用較高	礙於法規，無法直接向客戶經銷基金產品，須與投信公司合作	客戶屬性以股票族為主，會下單買股票，卻不一定會購買基金、保險等金融商品	通常只賣自家商品，產品線略顯不足

※資料來源：作者整理

基金，銀行會加收信託費用，附加費用較高，但因全國分行據點多，交易便利性高；投信業者雖然手續費折扣優惠較多，卻因為通路少，加上往往只有賣自家商品，產品線多半不足。

然而，由於所有金流最後都要經過銀行處理，相比之下，銀行最能掌握客戶的財務狀況，可即時針對客戶資金情況，提供差異化的理財商品規劃。此外，銀行長期以來代銷基金、連動債、保險等金融商品，對其他通路的商品較熟悉，一般民眾對銀行的信任度也較高，使得銀行擁有較多的優勢。

▼對人的信任度，才是最終勝出關鍵

在各金融業者競相投入財富管理市場之際，投資人不禁要問：「我的錢到底要給誰管比較好？」

其實，國內金控公司的同質性高，銀行、壽險、證券及投信等產業的區隔性不大，只是通路的差別而已。可規劃的理財商品也大同小異，不外乎是保險、基金、股票、連動債及其他衍生性金融商品等。

此外，再加上經過全球金融海嘯的震撼教育後，以往銀行理專及投信業者灌輸給投資人高報酬率的迷思已被打破，取而代之的是風險控管與資產配置的觀念。因此，理財規劃師的專業及取得客戶的信任度，才是最後能夠勝出的關鍵。在國外，頂尖的理財顧問往往可以做到六十歲甚至是七十歲，服務客戶長達三代以上，可見信賴是財富管理最重要的關鍵。

值得提醒的是，理財規劃時抱持錯誤心態，比完全沒有理財規劃還要可怕。例如，假設遇到哪位理財顧問在兩到三支基金扣除申購成本可淨賺二%後，就建議客戶贖回、更換基金操作，對這種「專家」投資人最好還是避而遠之。

在理財規劃的正確觀念中，資產管理規模才是最重要的關鍵。因為真正的財富管理應以整體性為考量，追求穩健獲利，重視中長期資產管理，而非短線進出。好的理財規劃師應該要像私人管家一樣，為客戶的資產善盡把關之責。

第5章

主要理財工具介紹

5-1 共同基金簡介

在全民理財風氣帶動下，共同基金已成為國人不可或缺的投資理財工具之一。談起共同基金的由來，一八二二年，荷蘭國王威廉一世創立了世界上第一支共同基金，但當初設計為私人擁有，而非大眾化投資工具。

工業革命後，英國中產階級累積大量財富，隨著國力擴展，資金由英國流向美洲、亞洲及歐洲其他地區。但因對海外市場不熟悉，致使英國人追逐較高利潤時，必須承受不小的投資風險，所以錢財遭騙或財富縮水的情事時有所聞。

為保障投資安全，投資人開始尋找值得信賴的專業人士，委託其代為處理海外投資事宜，並簽訂信託契約，此為投資信託事業的濫觴。不過，一開始尚未有公司組織，僅是投資人與代理投資人之間的信託契約。直到一八六八年，在英國始有倫敦國外及殖民政府信託（Foreign and Colonial Government Trust of London）的創立，以國外殖民地的公債投資為主，堪稱是目前文獻記載裡最早的證券投資信託公司組織。

▼集合眾人資金，用小錢理大財

所謂共同基金，就是集合社會大眾的資金，透過專業基金經理人及研究團隊，為受益人從事選股與投資，其投資的收益和風險由投資人共同分擔。

共同基金的組成及運作，主要是建立於「經理與保管分開」的原則上。投資信託公司只負責基金管理與操作，下達買賣指令，並不實際經手基金的資產；保管銀行則僅負責保管基金資產。好處是可將資金委由專業人士協助管理，同時兼顧資產多元配置和降低投資風險。

然而，天下沒有白吃的午餐。投資基金也得負擔相關成本與費用，例如申購手續費、基金管理費（又稱經理費）及保管費等。申購手續費依收取時點，分為先收或後收手續費。購買基金時，先支付一筆手續費，稱為「手續費前收型基金」（簡稱A股基金）；申購時不先收手續費，等到賣出時才收，甚至為鼓勵長期持有基金，多半提供手續費遞減優惠，也就是持有愈久手續費愈低，此為「手續費後收型基金」（簡稱B股基金）。

近年來，B股基金引發不少消費糾紛。原因在於有些投資人不希望尚未開始投資前就支付手續費，於是銀行理專改推薦看似免收手續費的B股基金。加上國人投資偏好短線獲利，習慣把共同基金當作股票操作，以至於持有時間偏短，提前贖回時須支付一筆手續費及分銷費等隱含費用。

除了申購手續費外，基金管理費與保管費為基金的固定開銷成本，在淨值計算前已先從資產中扣除，所以不影響基金的每日淨值。但實際管理費及保管費率因基金類型不同而有所差異，投資前應詳閱基金公開說明書。

▼基金種類琳瑯滿目，睜大眼睛看清楚

多數投資人通常只在乎基金淨值漲跌，卻忽略了申購基金的類型，以及投資標的、產業和地區。市面上基金種類琳瑯滿目，大致可分為四大類，投資前可得先睜大眼睛看清楚。

一、**股票型基金**

以股票為主要投資標的，目前除了投信公司本身發行的股票型基金外，也有境外代理的基金，投資標的種類和產業更多元化與國際化。

二、**平衡型基金**

以股票與債券為主要投資標的，基金經理人會根據市場表現來調整股票和債券比例。根據目前規定，平衡型基金指同時投資於股票、債券及其他固定收益證券達基金淨資產價值之七〇％以上，其中投資於股票金額占基金淨資產價值之九〇％以下且不得低於一〇％者。

三、**指數型基金與指數股票型基金**（ＥＴＦ）

指數型基金的持股成分及比例是完全依據某一市場指數的投資組合而變動，目的是要達到與追蹤指數相同的收益水準，屬於被動式投資的共同基金。例如元大台灣加權股價指數基金追蹤的是台灣加權股價指數，所以兩者績效會趨於一致。

指數股票型基金也是追蹤指數，但與指數型基金的差異在於可在證券市場買賣。在台股掛牌的元大台灣50（0050）、元大高股息（0056）都屬於ETF，買賣方式類似於股票，投資人可透過券商交易。

四、組合型基金

又稱為基金中基金，投資標的為基金，而非個股。組合型基金可使投資配置更多元化，但有些人會有重複收費的疑慮。目前主管機關嚴格規定，組合型基金若投資自家投信發行的基金時，不得計收經理費；若投資非經理公司基金，可依規定收取〇．五％經理費；手續費、保管費則與其他共同基金一樣。

▼善用衡量指標，挑選基金標的

評估一檔基金是否值得投資，除了基金淨值之外，還有一些重要參考指標，包括標準差、β值、夏普指數及崔諾指標。

一、**標準差**

根據基金淨值於一段時間內波動的情況所計算而來。標準差愈大，代表淨值漲跌愈劇烈，波動風險也愈大。實務上，可進一步運用**「單位總風險報酬率」**（將報酬率除以標準差）的概念，以衡量投資人每承擔一單位風險可得到多少報酬。

二、**β值**

用以評估系統風險，並衡量基金相較於整體市場的波動風險。β值愈大，代表風險也愈高。當β值大於一，表示大盤上漲一〇％時，該基金上漲幅度會超過一〇％。假設β值為二，代表大盤上漲一〇％時，該基金上漲幅度會達二〇％；反之，當大盤下跌一〇％時，該基金會跌二〇％。

三、**夏普指數**

指投資人每多承擔一分風險，可拿到多少高於無風險報酬率（如定存利率或政府公債）的報酬率。超過的報酬率即「超額報酬」，計算方式為：（**基金報酬率－無風險利率）÷基金標準差**。若該指數恰好為零，表示每承擔一分風險所得到的超額報酬和銀行定存利率相同；若指數為正數，則投資該基金報酬較定存高；若指數為負數，意味投資這檔基金還不如放定存。

四、**崔諾指標**

用以衡量每單位系統風險的超額報酬，計算公式為：（基金報酬率－無風險利率）÷β值。崔諾指標適合用來評估已分散風險的投資組合，該數值愈高，代表投資組合績效愈好，通常是評估的投資組合只占投資人龐大投資組合的一小部分下更適合使用。

至於基金投資組合的策略，建議先設定股債比例（即風險配置偏好），然後再挑選區域、產業及幣別。透過此種投資組合與定期轉換的再平衡策略，隨著中長期的時間複利效果，將可達到穩健獲利的目標。

5-2 儲蓄保險簡介

面對低利率的環境，許多人難免感慨：「定存利息實在少得可憐」、「物價上漲，手上的錢變得越來越薄」。若希望自己多年的積蓄能穩健增值，又要能保本，不少人會聯想到購買儲蓄保險。

關於儲蓄險，一般人最常聽到的推銷話術之一是：「儲蓄險兼具儲蓄與保險功能，是很單純又安全的商品，可穩賺不賠！」的確有不少人堅信，在不懂投資理財又有強迫儲蓄需求的情況下，儲蓄險是不二選項。然而，事實真的如此嗎？

▼依不同需求挑選儲蓄險種

顧名思義，儲蓄險是結合儲蓄和保險功能的險種。但其實市面上並無寫著「儲蓄險」三個字的保單，而是只要「保單價值準備金」（簡稱保價金）能不斷累積滾存的保單，都可統稱為儲蓄險。

換句話說，只要具備「保費能不斷累積且可拿回」特色的保單，不論是到期後一整筆領回、每年給一筆祝壽金，或是繳費期滿後可部分解約拿回所繳保費，都是儲蓄險。

若依照還本的功能，儲蓄險可分為「生存領回」、「生存及身故皆可領回」兩種，前者稱為生存險，後者則稱為生死合險。

生存險指期滿領回的儲蓄險，通常是一定期限後（如六年）可獲得一筆資金，用於結婚金、子女教育金、退休金等。此類型保險中，被保險人身故時，通常領回的身故金是保額，只略高於總繳保費。

生死合險則是活著可以每年領生存保險，可能是一筆或分筆領取，身故還可領回已繳保費或保價金，儘管保費較貴，但因保障較完整，所以較受歡迎。兼具保障與儲蓄養老等兩種特性的生死合險，又稱養老險。

若依照繳費年期，儲蓄險可分為短年期、長年期。短年期儲蓄險的保障有一定期限，可能在繳費期滿時或繳費期滿後一定年限內，就必須一次領回保險金與利息，之後無任何保障。例如曾熱賣的郵局六年期儲蓄險，就是許多婆婆媽媽及小資族強迫存錢的好幫手。

長年期儲蓄險則指繳費期滿後，保障可持續至終身。依保障方式不同，又分為增值型、還本型、利變型等儲蓄險。增值型會把利息加入本金滾利息；還本型則是將利息當成生存金直接給予保戶，不參與複利。利變型除了預定利率之外，還有浮動的宣告利率。但值得提醒的是，無論是預定利率或宣告利率，其實都是保險公司的投資報酬率，而非保戶可得到的實際報酬率。

◎儲蓄險種類

	短年期儲蓄險	長年期儲蓄險
保障期限	有限，通常是六至十五年不等	終身
保險金給付	一次領回	分期或分次領回
適合族群	適合在到期後希望有一整筆金額可運用者，例如出國旅遊、購車、結婚及購屋基金等	適合希望定期領回還本金者，比如子女教育、退休基金及年金等
商品種類	六年期、十年期、十五年期養老險	增值型、還本型、利變型等儲蓄險

▼預定利率不等於實際報酬率

利率是購買儲蓄險的誘因，但同時也是風險。市售儲蓄險多以「可提供比當前定存更高的利率」為主要訴求，不過利率會隨著景氣好壞及央行利率調整而波動，像是利率走揚時，選擇長年期且固定利率的儲蓄險，反而容易被套牢。因此，購買儲蓄險之前，應先瞭解預定利率、宣告利率並不等於實際報酬率。

在投保時，保險公司會允諾給予預定利率，且不得隨意變更。此固定利率為計算保費的基礎，預定利率愈高，保費愈低，代表可用較低的保費，達到較好的儲蓄效果。此外，該利率也適用於計算每年的增值解約金。但預定利率並不等於投資報酬率，因為保戶所繳的保費須先扣除行政及保單成本後，才能依預定利率計算投資報酬率。

宣告利率為浮動利率，通常用於利變型保險商品。其算法有兩種，一是跟隨指標銀行的利率變動，二是隨著保單本身的投資績效而波動。惟宣告利率也不等於實際報酬率，所繳保費須先扣除行政成本及附加費用後，才依宣告利率計算利息。由於宣告利率並非固定數值，約每年或每月宣告一次，大家可至保險公司官網查詢真正的宣告利率。

▼儲蓄險的儲蓄意義大過保障功能

國人投保時長期偏好購買有儲蓄及還本功能的保單，使得儲蓄險始終是熱銷商品；再加上遺贈稅、房屋稅及地價稅近來逐漸調高的趨勢下，儲蓄險成為有錢人稅務與資產規劃以及指定分配時的重要工具。但事實上，儲蓄險著重於儲蓄功能，大過於保障目的，它雖然能鎖利，可是一旦利率走升，就會面臨利差損的風險。

更重要的是，購買保險的實質意義應在於提供保障，最終目的是為了將來有一天可能發生自己無力應付的重大意外事故而提早做準備。因此，保險的保障功能亦不容忽視。規劃儲蓄險之前，仍應與壽險顧問討論，方能達到「保障兼儲蓄，平安又保本」的目的。

理財小叮嚀

購買儲蓄險時，別忘記注意以下事項。

一、**保本至上：**建議選擇短年期台幣儲蓄險，以降低匯率風險。

二、**短年期儲蓄險為優先：**除非是針對退休金規劃，否則以短年期儲蓄險為宜，可減少利率變動與提前解約的風險。

三、**避免提前解約：**投保後若提前解約，通常無法拿回全部本金。因此當無力繳款時，為避免損失，可選擇自動墊繳、減額繳清、保單貸款，最後才是保單解約。同時最好能撐過四年，才能把保本率提升至六成以上，將損失降到最低。

5-3 房地產簡介

俗話說：「有土斯有財。」老一代的觀念總是認為，買房既可保值又增值，只要手上握有不動產，就是擁有財富的象徵。由於「有土斯有財」的傳統價值觀深植人心，使得不少人深信：「房價只漲不跌」、「要發財就要靠房地產」或是「房地產的投資報酬率較高」。

回顧近年來國內房市景氣，自二〇〇三年SARS（嚴重急性呼吸道症候群）疫情結束後起漲，期間雖因二〇〇八年全球金融海嘯而急速回檔，但在政府寬鬆貨幣政策及遺贈稅率調降帶動下回升，致使歷年不動產價格幾乎是看回不回。直到二〇一一年政府開始實施奢侈稅、二〇一二年實價登錄，加上二〇一四年拋出房地合一稅議題，並於二〇一六年正式上路後，國內房價從二〇一四年才開始反轉，顯現出修正及盤整的跡象。

走了十一年多頭榮景的房市，如今已從賣方市場轉為買方市場，未來房市何時回暖，各界說法不一。然而，將來若要選擇房地產作為致富或退休理財的工具，在房屋持有成本日漸提高的情況下，最好還是審慎為宜。

▼國人退休理財最愛房地產

儘管房市景氣目前正處於回檔階段，但仍然無損於國人對房地產的信賴。根據摩根資產管理公布二〇一六年兩岸三地投資人退休意向調查結果顯示，在現行準備退休金的投資工具中，台灣

◎兩岸三地投資人最愛的退休金理財工具

排序	台灣	中國	香港
1	房地產（41%）	保險（61%）	股票（94%）
2	定存（38.1%）	定存（53%）	基金（49%）（不含強積金或公積金）
3	保險（38%）	房地產（50%）	儲蓄型保險（30%）
4	基金（27%）	基金（40%）	定存（29%）
5	當地股票（26%）	當地股票（29%）	外匯（27%）

※資料來源：摩根資產管理
※備註：調查市場涵蓋台灣、中國及香港三地，調查期間為2016年上半年。

投資人最注重收益，有高達四一%的民眾最愛的退休金理財工具是房地產。

基本上，提到「退休金」的來源，一般人最在意的是：「能否有長期的收入？」、「退休金收入能否既安全又穩定？」因此，具有出租和增值收益的房地產，可說是充分符合上述這兩種退休金來源的條件。

在房地產之後，台灣民眾選擇的退休金理財工具，依序是銀行定期存款、保險和基金。至於媒體最常報導的股票，則因股價波動較大、投資風險較高，只獲得二六%民眾的青睞。

另外，根據永慶房產集團二〇一六年第四季網路會員調查，退休養老準備的最佳理財項目中，「買房地產收租」同樣以三四%獲得壓倒性領先，成為退休理財規畫的首選，打敗股票、基金、債券及定存。顯見，「養房防老」已取代「養兒防老」，成為國人退休理財規畫的新趨勢。

▼「賺差價兼收租金」的機會變小

退休金規畫首重穩定的現金流，因此許多人想透過房地產存退休金，期待每月能有租金收益，作為退休收入。除了收租金之外，國人普遍相信擁有土地及房產，是進可攻、退可守的選擇：在房價上漲時，可以出售賺差價；房市景氣欠佳時，則是出租以收取穩定的租金。

不過，在未來幾年內，這樣的期待恐怕暫時難以實現。首先，從儲存退休金的角度分析，房地產的投資門檻較高，至少要存到一百萬元以上才足夠當作購屋頭期款，所以不太適合想跨出累積退休財富第一步的新手。

其次，以前是零頭期款或自備款只要一成，幾乎是無成本賺差價。但現在銀行全面縮減房貸成數，自備款二到三成以上是基本要求，甚至有部分物件遭銀行限制貸款，使得資金槓桿比率降低。

舉例來說，若想要購買兩千萬元的房屋，自備款約需要六百萬元，資金槓桿比率等於是三．三倍（兩千萬除以六百萬）。貸款前兩年的寬限期間先繳利息不還本，如果在寬限期內將房子出售，每個月只需繳寬限期的利息，就能以小搏大，賺進轉手利差。不過，現在銀行提供的房貸成數只有六成至六成半，加上房價呈現持續下跌走勢，想要「短進短出」投資，最後可能賠了夫人又折兵。

即使想要靠收租金帶來穩定現金流，但根據《全球房地產指南》（Global Property Guide）於二〇一五年公布亞洲國家的房價租金比調查結果，台灣住宅租金報酬率只有一・五七％，在亞洲及全球都是吊車尾。這樣的租金收益率僅比一年期定存利率稍高，然而租金必須先扣除房貸、稅金等成本，加上房屋需要維護，家具也會折舊，還得承擔空租的風險。

▼稅負調漲，房屋持有成本提高

少子化、人口紅利減少，加上產業外移，投資客或多戶房屋持有者都可能面臨房子租不出去的窘境。另外，若從台灣房地產持有成本來看，現階段已經出現結構性改變，房地產已不再是高槓桿又輕稅的資產。

首先，每年都要繳交的房屋稅與地價稅逐步調高。雖然大多數縣市變動不大，但台北市非自住住宅如果超過三戶以上，房屋稅便調高至三．六%，使得持有房地產的成本大幅攀高。

其次，在實價登錄啟動，再加上二〇一六年房地合一稅正式上路後，不僅實價課稅已逐漸成形，房地產買賣成本更明顯增加。若在短期間內買賣，將面臨懲罰性高稅率；自用住宅買賣也至少要持有六年以上，才能享有稅率優惠。顯見，房地產輕稅時代已結束，從投資角度來看，房地產吸引力下降不少。

未來幾年內，若要為退休生活做準備，房地產不見得是最理想的理財工具，因為必須要考量到房屋稅、地價稅及財產交易所得稅等因素。所以想要讓「啞巴兒子」（房子）為退休帳戶日進斗金，保障退休生活，可得三思而後行。

5-4 股票簡介

靠股票存退休金是許多人的夢想，歷經網路泡沫、全球金融海嘯及歐債危機後，「存股」成為近年來最火紅的話題。看到別人存股，可以年領百萬股息，總是讓人既欣羨又心動。但事實上，並不是買進高殖利率的股票之後，就能穩收股息、安心享受退休生活。

想要投資股票，首先得對股市有些基本認識，並願意投入時間仔細研究、做功課。更重要的是，坐而言不如起而行，若無親自買賣過股票，永遠只是紙上談兵而已。

▼台股為淺碟型市場，存在資訊不對稱

台灣股市為容易受到外界影響的「淺碟型市場」，易受不確定性因素操弄，一有風吹草動或大規模資金進出，就容易出現劇烈的震盪。因此，政府相關政策可能會牽動股

市氛圍，就連外資、投信、自營商等三大法人的看法與動向，也經常備受投資人關心。

淺碟型市場最明顯的特色之一，在於資訊不對稱，常見的例子像是內線交易。有些大股東或公司派暗自出貨，隱匿對公司不利的消息，直到養套殺結束後，利空消息才見報。另外，有心人士也可能利用法令不健全或漏洞，對特定公司「上下其手」，藉以炒作股票。

由於台股大多為股本較小的中小型企業，除了各公司的資訊較不易被市場發覺之外，如果發現企業的應收帳款大多集中在海外子公司以虛報業績，或將債務、虧損隱藏在下一個季報表中，都代表是風險極高的地雷股。

由此可見，相較於大股東和三大法人，一般散戶在投資時，總是得面臨資訊不對稱的殘酷現實。為使投資人在資訊取得上更對等，台灣證券交易所已於二〇一六年一月推行「台股訊息面暫停交易機制」，未來上市公司若因公布財報認列重大資產減損、減產或全部停工、申請破產或重整、討論重大收購或合併案，或證交所發現重大影響股東權益、股價的媒體報導，卻無法於當日完整說明，都應申請暫停交易。

此項新制可使投資人有充分時間來消化市場訊息，思考訊息對企業未來營運或股價的影響，避免在資訊不對稱的情況下「追漲殺跌」，甚至遭到斷頭或套牢的命運。

▼投資股票一定要懂的四大財報

儘管散戶所得到的訊息往往落後於大股東或三大法人，卻可以學習法人努力做功課的研究精神。首先，投資股票之前，一定要讀懂**四大財務報表：資產負債表**、**損益表**、**現金流量表及股東權益變動表**。其次是，大家也應瞭解本益比、現金殖利率之類的股票專有名詞。

透過四大財報的內容，有助於投資人掌握個股基本面，並懂得評估與分析該家公司過去的營運績效、承擔風險的能力、未來的營運展望、老闆或經營團隊的經營能力、公司的財務與變現能力，以進一步決定該檔股票是否值得投資。

本益比、現金殖利率則可作為股票買賣的參考依據。所謂本益比，是企業在某一特定時間內，計算股價（本）相對於獲利（益）的比值，計算公式為股價除以每股盈餘

（Earning Per Share，EPS）。當股價處於低檔，獲利卻維持高檔時，此時本益比會偏低，代表這檔個股有逢低買進的投資價值；反之，當股價飆高，獲利缺沒那麼亮眼時，本益比會偏高，意味該檔個股股價脫離合理價值，應逢高獲利了結。

現金殖利率則是定存概念股的重要指標，其公式為每股現金股利除以每股股價。以往，每年六到九月是除權息的旺季，但近年考量到可扣抵稅率減半，又要扣二代健保補充費的因素下，愈來愈多投資人放棄參與除權息。不過，現金殖利率大於四％到五％的績優好股，在景氣低迷時仍會吸引不少投資人長期持有。

除了研究基本面之外，技術分析面的功課也不可少，起碼要看懂移動平均線、五日均線、二十日均線、六十日均線、兩百四十日日均線，以及瞭解黃金交叉、死亡交叉等股市術語。

簡單來說，移動平均線（又稱為均線）是指投資人在過去某一段時間中買進的平均成本。因此，五日均線即為過去五天收盤價的平均值，又稱為周線，是極短線的防守點。二十日均線則是過去二十天收盤價的平均值，又稱為月線。六十日均線為過去六十天收盤價的平均值，又稱為季線，是中線的防守點。兩百四十日均線指過去兩百四十天收盤價的平均值，又稱為年線，是長線的防守點。透過這些技術指標，可藉此判斷股價未來的走向。

在股票技術分析中，黃金交叉與死亡交叉也是經常被提到的買賣信號。所謂黃金交叉，是指長天期的移動平均線下降趨勢逐漸變緩，短天期的移動平均線向上走升並穿過長天期的移動平均線，代表股價下跌趨勢已停止，可能即將展開一段漲勢（見圖5-4）。反之，死亡交叉則是長天期

圖5-4　移動平均線的黃金交叉

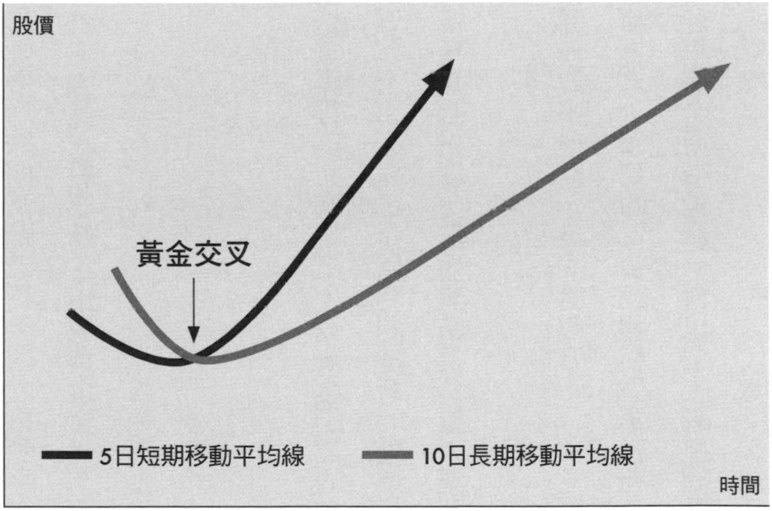

的移動平均線上升趨勢逐漸變緩，加上短天期的移動平均線向下跌破長天期的移動平均線，意味股價上升趨勢已停止，即將出現一波跌勢。因此一般認為，出現黃金交叉為買進信號，死亡交叉則被視為賣出信號。

▼檔數不宜過多，留意交易成本

瞭解股票的基本面與技術面後，最重要的還是實際行動。基本上，以資產配置的角度來看，股票投資的可動用資金應占總資產的一五％至二〇％，而同時間持有的股票檔數也不宜過多，建議以五至六檔為佳，如此才能避免資金過度分散而無法達到擴大獲利的效果。

買賣股票時，也應留意交易成本，包括付給券商的手續費、繳交給政府的〇．三％證券交易稅（簡稱證交稅）。若有參與當年度的除權息，領到的現金股利和股票股利，在申報綜合所得稅時，要列入「營利所得」項目計算綜合所得總額，再以個人適用的課稅級距申報所得稅。而領到股息超過兩萬元時，還要被課一．九一％的二代健保補充保費。這些交易成本都是不能忽略的小錢。

理財小叮嚀

股市為殺戮戰場，與其聽人報明牌，不如自己認真做功課。除了定期閱讀財經雜誌，吸取股市相關資訊之外，由台大會計系教授劉順仁撰寫的《財報就像一本故事書》、兩岸知名講師林明樟所著《用生活常識就能看懂財務報表》，亦是值得推薦一讀的好書。

PART 2

理財操作
配置篇

第6章

股票與共同基金投資金律

6-1 股票投資實務與致勝術

理財目的在於增加個人資產、提高投資報酬率。然而，投資人付諸執行時，難免會有些盲點，比如買在高點、賣在低點、難以抉擇買賣點、無法判斷市場多空方向，或是資產配置不當等，以至於投資成效往往不如預期。究竟，股票投資有無致勝心法？

其實，任何人在投入股海前，都應先做好研究功課。除了必看四大財務報表之外，也要瞭解股票投資的基本面、分析面及籌碼面等。只要練好這些股票交易必殺技，並做好風險控管，相信股票投資致勝絕非難事。

▼股票投資分析的三大工具

買賣過股票的人，應該都聽過基本面、技術面、籌碼面等三大投資分析工具。儘管這三種方法在觀念及操作策略上迴然不同，但三者的共通點都是針對各種數字進行分析與解讀。

所謂基本面，就是深入研究一家企業的內在價值；技術面則是透過分析過去股價走勢，來預測未來股價漲跌；至於籌碼面，主要是觀察並研究主力的動向。在實務操作上，投資人可同時採用此三種分析工具，或依個人投資偏好，僅選擇其中一種方式。

基本面分析

基本面分析通常是從「整體景氣、產業趨勢、個別公司」這三個層面，來研判一家企業的獲利能力，以找出真正的內在價值。因此，擁護基本面分析法的投資者，又稱為價值型投資人，最著名的代表就是股神巴菲特。

價值型投資人相信：**一家企業的股價終究會回歸公司的基本價值**。不論「價值投資之父」班傑明．葛拉漢（Benjamin Graham）所虛構的角色「市場先生」（Mr. Market）如何喊貴或便宜，價格始終都圍繞在股票的基本價值上下，所以只要懂得善用市場先生的特性，就有機會從中獲利。

為追求中長期獲利，價值型投資者會先透過企業的財務報表、整體產業的前景等資料，評判出這間公司的內在價值。然後在股價低於內在價值時買進，直到股價高於內在價值時再賣出。此即為所謂的基本面分析。

從事基本面分析的投資人，必讀四大財報。觀察重點包括：營業收入、每股盈餘（EPS）、本益比、營業成本、土地資產、毛利率、除息除權、董監事改選、股東會，以及應收帳款週轉率、存貨週轉率的趨勢變化等。

觀察任何一家公司的營運表現，以營收為王。因此，營收、每股盈餘的年增率（YoY）、季增率（QoQ）都是重要指標。不過，要特別提醒讀者的是，在觀察營收（損益表）、應收帳款週轉率（資產負債表）時，應搭配現金流量表一起解讀。唯有如此，才能真正看出該企業是否有賺錢，畢竟企業有現金流動才是王道，經營才能長久。也許損益表的營業利益可以美化修飾，可是現金流量不容易動手腳，所以如果看到營收增加，應收帳款淨額卻未同步增加，甚至過不久便打銷呆帳，代表有帳目造假疑慮，應避免投資。

另外，衡量一家公司的償債能力，有三大指標，分別是流動比率、速動比率及利息保障倍數，在下一章將做詳細說明。

投資個股時，還要研究產業趨勢，包括：iPhone、人工智慧、智慧機器人、電動車等，以及區塊鏈（Block Chain）興起後所受惠的產業，都是近年來值得關注的焦點。

技術面分析

技術面分析，主要是藉由研究過去的股價走勢及價量等資訊，來決定股票買賣的時機點，以及判斷股市未來可能的趨勢。技術派認為，所有的數據都是以成交量和股價為基礎，沒必要再深入研究基本面。因此，技術面分析著重於短期股價變動的預測。

學會看K線圖，是一切技術分析的基礎。K線是根據股價一天走勢的四個價位：開盤價、收盤價、最高價、最低價所繪製而成。開盤價與收盤價會構成K線的實體（或稱為蠟燭本身），收盤價與開盤價的差距愈大，蠟燭本身就愈長，反之則愈短。蠟燭兩端的燭芯則分別成為上影線及下影線，其頂端、底端則分別由最高價、最低價所決定。如果收盤價高於開盤價，漲了就是紅色（或空心圖），即為「陽線」；收盤價低於開盤價，跌了就是綠色（或實心圖），稱為「陰線」。

另一個常見的技術指標是移動平均線（簡稱均線），代表投資人在一段時間內買入股票的平均成本，可藉此判斷股價未來的發展趨勢。以台股為例，常用的均線包含五日線、十日線、二十日線、六十日線、一百二十日線、兩百四十日線。這六個常用的均線，又可分成短期均線（短線）、中期均線（中線）、長期均線（長線）。

圖9-1　K線圖中的「蠟燭」涵義

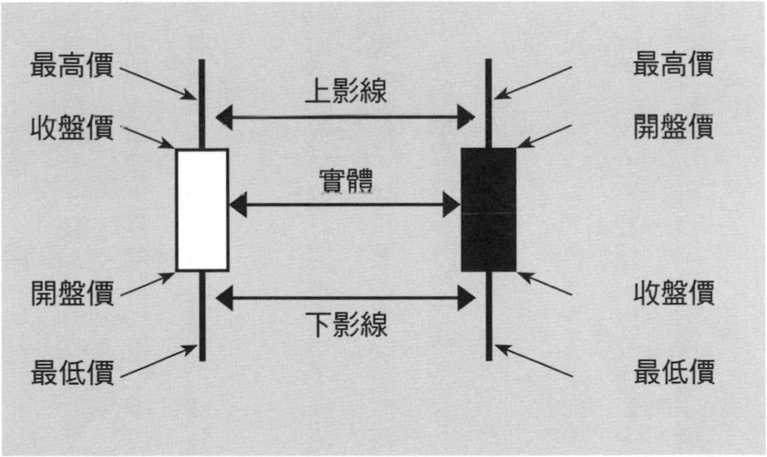

短線為五日線、十日線，表示過去五天、十天收盤價的平均成本，因台股每週交易五天，所以五日線、十日線又分別稱為週線、雙週線。中線為二十日線、六十日線，代表過去二十天、六十天收盤價的平均成本，又分別稱為月線、季線。長線為一百二十日線、兩百四十日線，代表過去一百二十天、兩百四十天收盤價的平均成本，又分別稱為半年線、年線。

不過，技術指標也可能有失靈或不適用的時候，股市老手就常開玩笑說：「千線萬線，不如一條內線。」其實，這句話凸顯了線圖只是歷史的軌跡，最重要的是要瞭解每個指標背後的意義，否則在股市中只靠明牌或道聽塗說，等於是拿自己的錢在開玩笑！

籌碼面分析

籌碼面分析，即利用三大法人（外資、投信、自營商）與主力買賣超，以及融資融券餘額的變化，來判斷股市未來動向。例如，股市在走主升段時，外資、投信買超，融資、融券增加，代表是強勢股，反之則為弱勢股。

籌碼派認為，有雄厚資金的人都是縝密布局，不會隨便亂投資。他們甚至相信：「在股市中，大金主可以『呼風喚雨』，影響股價變動，所以若能搭上主力（大金主）的順風車，就有機會賺錢！」

價量分析指標中，除了三大法人買賣超外，融資融券餘額則被視為散戶觀察指標。融資增加或融券減少，代表散戶看多；反之，融資減少或融券增加，表示散戶看空。

因此，當股價上漲，融資餘額減少且融券餘額增加，意味散戶不看好該檔股票，股市大戶卻覺得未來股價會上漲。相

◎基本面、技術面、籌碼面比較

	基本面	技術面	籌碼面
難易度	高	低	中
投資時間	中長期投資	中短期投資	中短期投資
觀察指標	營收、營業成本、毛利率、每股盈餘、本益比、應收帳款週轉率、存貨週轉率等	K線圖、5日線、10日線、20日線、60日線、120日線、240日線	融資融券餘額、三大法人（外資、投信、自營商）及主力買賣超

※資料來源：作者整理

反的，股價下跌時，融資餘額增加或融券餘額減少，反映散戶覺得該檔股票將來會大漲，但大戶看空，認為未來股價可能大跌。

一般是用「券資比」來推測一檔股票的未來走勢。券資比的公式為融券餘額除以融資餘額的比率，通常以三〇%作為分水嶺。這項統計數據，可以做為研判股票融券是否偏高、股價未來是否有軋空機會的參考。券資比愈大，代表該股票被大量放空，也就是市場上有許多投資人以融券賣出此檔股票。

▼藉「金字塔操作法」穩中求勝

若要按進場資金多寡來決定投資策略，可考慮採取「金字塔操作法」，又稱為三角形操作法，也就是分批買賣法的變種，針對股價價位的高低來逐步向上減碼或向下加碼。

金字塔操作法又分為「正金字塔操作法」與「倒金字塔操作法」，兩種皆可作為進場策略。所謂正金字塔操作法，即一般大眾常聽到的「逢高出脫，逢低承接」，在指數或股價低檔時建立較多部位，也就是逢低加碼；當指數或股價往上衝時，反而向上減碼，甚至逢高出脫，將部分獲利了結，再轉進其他潛力股。

至於倒金字塔操作法，則是做多時，價格愈往上漲，就加碼愈多；反之若做空，價格愈往下跌，也就加碼愈多。這與當股價愈高時要減少持股的正金字塔操作法恰好相反。不過，這種操作方式只適用於法人機構或主力大戶，原因有二：一來需要有大量資金，才有繼續往下承接的本錢；二來需要有膽識，才不會在往下承接時認賠殺出。

▼股票投資致勝之道

在茫茫股海中，相信每個人都有一套生存哲學及技能。依我自己多年的投資經驗，可歸納出四大致勝之道。第一，買賣股票，一定要自己做功課，不論是學習如何看懂財務報表或參加讀書會，都有助於提升自己的判斷能力。第二，最好選擇自己熟悉與瞭解的產業。第三，同一時間切勿持有太多檔股票。第四，重視風險控管。

很多人覺得財報猶如天書，令人不容易親近。事實上，財報也可以像故事書一樣，用淺白易懂的文字描述一家公司的營運動向與財務狀況。不過，故事可不是聽懂就好，投資人還得研判當中究竟有幾分是真？有幾分是假？儘管學會分析財報內容無法立即產生獲利，卻是投資人想要在股海中安身立命的第一步。

股市老手多半專注在少數幾檔個股上，如此才能集中火力，長期追蹤自己熟悉的企業；當市場出現變化時，也才能做出正確的判斷。此外，能在股市中長期屹立不搖的贏家，通常都很重視風險控管，一旦看錯趨勢或選錯股票便立即停損。畢竟「留得青山在，不怕沒柴燒」，保全資金，才有機會參與下一波行情。

理財小叮嚀

投資未上市櫃股票，要承擔較大風險，除了買高賣低或易買難賣外，甚至可能因上市櫃遙遙無期，股條變壁紙，最後慘賠收場。因此，建議避免購買未上市櫃股票，如有任何疑問，應先向金融管理機構查詢，以免血本無歸。

如果沒時間研究股票，不妨可以考慮投資指數股票型基金，只要瞭解整體經濟前景及追蹤大盤多空方向，就能判斷進出場的時間點。例如，台灣５０（代號0050）不僅交易成本及手續費較低，而且每年配息，可穩健獲利。

一般來說，台灣５０的股價乘上一百二十五倍至一百三十五倍，即為台灣加權股價指數。二〇〇三年，台灣５０首日掛牌參考價為三十六．九六元，觀察其股價走勢可發現，當價格落在五十元至五十五元區間時，就可以進場。一旦價格高於此區間，最好先觀望或趁勢減碼，待價格回跌到五十五元以下時再買回。目前，台灣５０股價已超過八十元，顯示台股過熱，應暫停買進，不宜再追高。

6-2 基金配置的方法

投資基金並在單一年度賺三％至五％，聽起來似乎沒什麼了不起。但如果投資十年以上，年年都賺到三％或五％，大家不妨捫心自問一下：「以我目前手上的基金投資組合，有辦法做到嗎？」如果過去十年來只是跟著市場上沖下洗，肯定行不通。究竟有沒有簡單可行的方法，讓自己年年都賺三％或五％，甚至是一〇％呢？

其實，想要從茫茫市場中致勝並不難，首先要回歸到資產配置的原則。請謹記：即使是定期定額基金投資，也應事先做好資產配置。其次，要提醒投資人的是，即使績效表現再好的基金也可能會下跌，所以請謹守「高點減碼扣」、「低點不停扣」等原則，才能確保自己在投資之路上一路順暢。

▼累積一定資產再做配置

投資理財的目的是為了讓資產加速成長，但最怕在投資時衝太快，忘記控管風險，結果導致資產不增反減。在我擔任理財規劃師的多年經驗中，發現許多投資人經常犯下同樣的毛病，就是未事先做好資產配置。

一般人認知的資產配置，只有該如何分配投資資產比重，也就是投資部位的配置。比方說，投資部位共一百萬元，其中股票占幾成、債券或基金又占了幾成。但這其實不能算是整體性的資產配置。

正確的資產配置，應該先考慮第一個問題：我有多少錢，或是該拿多少錢出來投資？先將自己及家庭的所有財產放在一起檢視，才能實際算出自己或整個家庭究竟有多少能力可以投資。

該如何計算有多少錢可用來投資？本書前文曾建議從年收入來看，假設每年收入扣除生活費、房租或房貸、保險費、子女教育費、緊急預備金等必要支出後，一年可留下八萬元，這筆閒錢就是可用來投資的金額。

但八萬元就能直接做資產配置嗎？其實不然，真正的資產配置，必須是累積到一定程度的資金才做，例如資產累積到一百萬元或三百萬元，也就是人生的第一桶金。等到擁有一定程度的資產，之後再進行資產配置的投資，這樣的資產配置才比較有意義。如果只是每月定時定額購買四檔基金，但全都屬於股票型基金，或全部是新興市場基金，這些情況都不能稱為資產配置。

因此，趁年輕時，無論如何都要想辦法先存到人生第一桶金，至於該怎麼做，在下一節將有詳細說明。

▼基金配置的重要步驟

理財規劃的核心在於資產配置，基金投資亦是如此。如果沒有事先做好資產配置並分散風險，往往股災一來便統統「住進套房」。尤其是有些投資人總是喜歡瘋狂搶進科技股基金或產業型基金，最後常是套牢、慘賠收場，資產大幅縮水。

然而，基金配置絕非是每月花一萬元買兩檔基金，或是多拿出兩萬元、加買幾檔基金而已，更不是各家投信公司的基金產品各買一檔就好。投資基金時，必須善用正確的資產配置方法及步驟，同時謹記基金持股絕對不宜超過五支，以免無法照顧得面面俱到。更重要的是，一檔基金賺很多，不足為奇；整體基金投資組合都賺錢才實在！

諾貝爾獎經濟學獎得主馬可維茲（Harry Markowitz）曾形容資產配置是「無須增加風險就可提高報酬」的投資方法，並將此喻為「現實經濟世界裡，稀有的免費午餐」。也就是說，理財成功的關鍵，既不在於選股，也不在於挑對買賣時機，真正的重點在於資產配置。唯有做好資產配置，才能克服市場波動，讓自己的資產在多頭時錢滾錢，空頭時又抗跌，達到長期穩穩賺的目的。

因此，正確的基金配置步驟，第一是必須先決定股債比例，依每個人原始投資目的來決定股債百分比，並設定整體投資組合的報酬率。其次是選擇投資標的，接著才是投資區域及計價幣別。

投資方式可分為單筆申購、定期定額、類全委保單（詳見本節末「理財小叮嚀」）等等。特別提醒的是，單筆基金投資一定要設定停利停損點，否則跌很深後可能永遠回不來。像是過去廣受國內投資大眾歡迎的貝萊德世界礦業基金，自從在全球股災時一路狂跌後，基金淨值至今仍在低檔徘徊，究竟未來何時才會跌深反彈，相信是許多投資人心中的疑問。

此外，定期定額基金則要做資產再平衡，每年定時檢視投資組合的績效表現，並適時調整投資內容，以期朝著理財目標更接近。以我的客戶自身經驗為例，在變額年金險中，先做好資產配置，並設定基金投資組合，加上每年定期做資產再平衡，經過十年後，每年年化報酬率約三％至五％。由此可見，妥善做好基金配置，加上定期定額基金，確實可穩健獲利。

▼琳瑯滿目的基金種類

在選擇投資標的、區域及計價幣別之前，必須先瞭解各類型基金的屬性，究竟是積極型基金、保守型基金或是穩健型基金。另外，最好詳閱基金公開說明書，以便深入研究基金種類、產品內容、投資標的等重點。

市面上的共同基金種類繁多，依照投資標的、特色、產業類別、配息方式不同，各有其優缺點，投資人應視本身投資目標和風險承受度，來選擇適合自己的共同基金。

若按中華民國證券投資信託暨顧問商業同業公會（簡稱投信投顧公會）的基金分類，以基金類型來劃分，包

◎共同基金的種類

原則	分類	細項
基金類型	股票型	—
	固定收益型	又分為一般債、高收益債、新興市場債
	平衡型	—
	貨幣市場型	—
	組合型	—
	指數股票型	—
依投資地區	全球型	又分為已開發市場、新興市場及混合型
	區域型	分為北美、已開發歐洲、亞太（不含日本）、亞太（含日本）、紐澳、新興歐洲、新興拉美、中國及香港等
	單一國家型	如日本、韓國、泰國、印尼、印度、美國、澳洲、俄羅斯等
依計價幣別	美元	—
	歐元	—
	日圓	—

※資料來源：投信投顧公會

括：股票型、固定收益型（又細分為一般債、高收益債、新興市場債）、平衡型、貨幣市場型、組合型、指數股票型（ＥＴＦ）等。

依投資地區，則分為全球型、區域型及單一國家型。全球型又細分為已開發市場、新興市場及混合型。區域型則分為北美、已開發歐洲、亞太（不含日本）、亞太（含日本）、紐澳、新興歐洲、新興拉美、中國及香港等。單一國家型常見有日本、韓國、泰國、印尼、印度、美國、澳洲、俄羅斯等。依計價幣別，最常見為美元、歐元、日圓。

國外的基金種類及名稱更是五花八門，例如主權基金、專門投資學生租房而獲取固定收益的「宿舍基金」，以及專門投資軍火、賭博、八大行業的「邪惡基金」等。

先前國內保險公司和基金投信業者合作熱銷的類全委保單，因有保單帳戶賠錢，遭金管會緊盯後，已漸退燒。二〇一七年，改由連結目標到期基金的保單成為熱門的新話題。這種新型態的基金，如富達目標ＴＭ基金２０２０、富達歐元目標ＴＭ基金２０３０等，主要是隨著人口高齡化應運而生，強調長期投資與資產配置概念，進可攻、退可守，正好能填補退休缺口。

▼穩住報酬率，先買核心基金

當決定可投資金額及資產分配比重後，切記要先布局「核心資產」，穩住報酬率，才能讓向日葵的花心部分愈長愈大。對於資金尚不充裕的年輕投資人，建議核心資產不妨以定時定額股票型基金為主。定時定額投資，適合用來購買較積極的股票型基金，一來可以降低買貴的風險，二來因為每次投入金額較少，當帳面上看到出現虧損時，心理上也比較能承受得住。

若能以定時定額布局股票型基金，長期投資下來，可達到年化報酬率約一〇%

圖6-2　共同基金致勝術3大步驟

步驟 1	●計算可投資金額 ●決定核心資產及衛星資產比重
步驟 2	●決定股債比例 ●設定整體投資組合報酬率
步驟 3	●選擇投資標的 ●挑選投資區域及計價幣別

※資料來源：作者整理

的成績，是累積資產的一大利器，適合有較長時間等待的年輕人。更積極一點的投資人，如果能在市場最差時搭配單筆加碼，等到市場由空轉多之後，就可以獲得更亮眼的報酬率。

其實，投資理財說來並不難，難在於無法嚴守紀律，克服心魔。最簡單的方法，有時卻也是最有效的方法。因此，投資人找到適合自己的投資方法與標的，絕對是最重要的。如果沒有太多時間研究市場，資產配置加上定時定額基金（圖6-2），可說是最簡單可行的投資方法。

理財小叮嚀

類全委保單屬於投資型保單的一種，在保戶選定保單的投資標的後，由保險公司委託投信業者全權代操。相較於代客操作的資金門檻上百萬元、一般單筆申購一萬元、定期定額每月三千或五千元以上，類全委保單的基金投資門檻相對低。

雖然類全委保單附加類似基金「配息」的「資產撥回（提解）機制」，也就是經過一段時間後，保險公司會從保單的投資帳戶提解三％～六％的金額給保戶，保戶可選擇領回現金或再轉入保單加碼投資，但其本質仍是投資型保單，而非銀行通路銷售的固定配息基金，投資人可別搞混了！

6-3 靠定時定額基金累積人生第一桶金

坊間許多理財達人的第一桶金，幾乎都是靠投資定時定額基金累積而來。定時定額基金的好處，在於無須自己選股，每月固定從薪水扣款，加上只要長期投資、持之以恆，經過一段時間後，就能累積出一筆財富。

時間，可說是投資理財的魔術師。趁早開始做，把握金錢的時間價值，才能利用小錢滾出大錢，創造人生的第一桶金。因此，無論是資金不充裕的社會新鮮人、工作忙碌的上班族，或是希望每月有源源不絕收入的退休族，都很適合採用定時定額基金投資法。只要能走過「微笑曲線」，相信有朝一日必能歡喜豐收！

▼什麼是定時定額基金？

由於定時定額投資基金採取平均成本投資法，因此，長期下來，不但可以發揮降低買進成本的效益，還能有效減少投資風險。更重要的是，當市價大於平均成本後，投資人就可以開始獲利。

目前，市面上定時定額的投資方式可分為三種。除了大家最熟悉的定時定額外，業者還提供定時不定額、定額不定時的作法，希望讓投資人藉此提高投資勝率。所謂定時不定額，是指每月固定時間扣款買基金，由電腦系統自動把關，市場往下跌時積極加碼，市場上漲時保守減碼，以便最後可以累積到更多的單位數。至於定額不定時，則是指若每月固定投資九千元，採月初、月中、月底分別扣款三千元，透過不同扣款日期來分散風險。

定時定額雖非保證投資收益的萬靈丹，但仍是一種省時省力的操作策略，而且還有不少優點，例如不用預測市場的高低點，也不用考慮進場的時機點；可分期攤平投資成本，降低投資風險；積少成多，小錢也可以做大投資；以及拉長投資時間，創造出的複利效果驚人。

如果投資人進場後，開始面臨基金淨值波動，可能從初跌到深跌，曲線下行，漲回時曲線再往上爬。這個由下跌到探底、再回升反彈的走勢曲線，就像是微笑時的嘴型，因此定時定額法又被稱為「微笑曲線法」。

然而，這是一種理想狀況。實務上，大多數的投資人在淨值下跌的過程中，往往會因負面情緒及各種不確定性干擾，而做出錯誤決策，很難耐心等到曲線上升，甚至無法走完一輪微笑曲線。這也是許多人定時定額投資基金老是賠錢收場的原因之一。

▼人生第一桶金六大秘訣

仔細分析在投資市場「賠多賺少」的原因，其實不外乎是：未做資產配置及投資組合，全部重押某一類型基金；因大盤下跌，心生恐慌而停扣，錯過逢低攤平成本的機會；未嚴格執行停利，想繼續賺更多錢，結果反遇股市大空頭而套牢其中。

由此可見，人性的貪與怕，往往成為投資獲利的絆腳石。不過，想要翻轉個人財運、存到人生第一桶金，還是有機會的。這裡提出六大關鍵秘訣，讓你也能當個聰明的投資人。

秘訣一：設定目標

定時定額基金具有強迫儲蓄的功能，想要藉此來累積人生一桶金並不難。首先，必須先設定理財目標。人生最重要的長期財務需求不外乎是購屋、子女教育、退休等，中期需求則例如買車、出國留學或旅遊等，這些理財目標都可以利用定時定額投資基金來實現。

然後，訂定每月固定投資金額、期望報酬率，記得要將通膨率二％納入考量。接著做好資產配置，並設定基金投資組合，再透過時間長期持有，就可以穩健獲利，累積人生第一桶金。

秘訣二：資產配置

依個人投資屬性與風險承受度，將定時定額基金以最適當的比重分配到核心資產及衛星資產。如果每月可投入較多的資金，不妨可考慮分成三層配置：核心四〇％、次核心四〇％、衛星二〇％，或是核心三五％、次核心三五％、衛星三〇％。

第一層「核心配置」為投資組合的「根基」，主要負責防禦並確保整體資產安全，適合的標的通常是穩健增值、風險較低的基金，例如全球股票型基金、歐美成熟市場或平衡型基金。

第二層「次核心配置」則是投資組合中的「骨架」，兼具穩健與積極特色，通常以區域股票型基金為主。

第三層「衛星配置」為投資組合中攻擊力最強的部位，以報酬率較高、波動較大的基金為主，可由單一國家型、產業型、中小型股基金所組成，以強化投資組合的報酬率，惟比例不宜超過整體資產組合的三〇％。

秘訣三：及早開始，時間拉長

理財愈早開始愈好，而且基金投資需要耐心等待，只要能持之以恆、中長期持有，必能累積到一筆財富。可惜國人習慣把基金當股票投資，持有時間都不夠久，以為買進基金後抱上七、八個月就算是中長期投資。

事實上，在投資之路上，時間的複利效果真的很重要，尤其是定時定額基金。曾有人問天才物理學家愛因斯坦：「世界上最強大的力量是什麼？」愛因斯坦的回答不是原子彈爆炸的威力，而是「複利」。

日本電子商務龍頭樂天社長三木谷浩史有句名言：「一．〇一的三百六十五次方是多少？」答案是三十七。這是三木谷用來督促自己的公式，意思是只要每天進步一％，持續改善三百六十五天，一年後的自己將比現在強大三十七倍。

將這兩位名人的話應用於投資理財上，假設投入金額每天增加〇．六％，看似微乎其微，但三百六十五天後是原始資金的八倍；若每天投入金額增加〇．八％，同樣微不足道，但三百六十五天後是原來資金的十八倍。兩者相差兩倍多。可見，愈早開始投資，財務負擔愈小，因為「時間」就是財富累積的最大幫手。

因此，定時定額投資的效益一定要把時間拉長才能顯現。任何一個市場都會有景氣循環，若長期而言趨勢仍然向上的話，定時定額投資基金最好持續扣款至少三年以上，波動較大的市場可設定五年以上，才能得到好效果。切勿因為市場走了一、兩年的空頭，就認賠解約。

秘訣四：挑對標的，並適時轉換

按個人投資屬性與風險承受度，選擇適合自己的基金類型，例如較積極的投資人可挑選長期績效表現良好的股票型基金，較保守的投資人則可考慮配息型的債券型基金。

全球股票型基金很適合定時定額投資，可作為核心持股。若要投資新興市場，須留意是否有過度集中及重複問題，譬如同時買了新加坡基金、東協基金，但其實東協基金中有近五成的資金是投資在新加坡；或是既買新興東歐基金，又買俄羅斯基金，但新興東歐基金中有五到六成資金是投資在俄羅斯。

另外，定時定額基金投資不宜全部重押在單一國家如日本、印度，或單一產業如原物料、能源、礦業、散裝航運、生技上，以免市場或景氣由高檔反轉而下，可能永遠回不來。此類基金較適合當作衛星資產，比重約占一〇%至二〇%。

秘訣五：設定停利停損點

無論是單筆投資或定時定額，都要設定停利停損點，並有紀律地執行。當市場或產業趨勢由高檔反轉向下時，可先贖回部分單位的基金，並適時轉換投資標的。

若是定時定額投資基金，在設定停利點上，波動較小的市場如全球股票型基金可設定一〇%至一二%，風險稍大的區域股票型基金則設一五%至二〇%。設定好後應依紀律執行，切勿漲到一〇%時因市場氣氛樂觀，覺得還會繼續漲；看到上漲至一五%，心想幸好沒賣，結果更捨不得賣，想要等到漲至二〇%再賣。然而，事與願違，可能漲到一九%時即為最高點，接著回跌至一一%，結果就錯失第一時間最佳賣點。反之，停損點亦然。

秘訣六：低點不停扣，持續累積單位數

投資理財時，追高殺低是人性常見的弱點。大多數人都是在低點時出場，要求他們在低點時進場加碼，反而不容易做到，畢竟這是違反人性的行為。

由於定時定額投資基金是靠景氣循環賺錢，所以無須考慮進場時機，即使是在高點時開始扣款，只要在市場走跌時，持續扣款，累積單位數，就能降低持有成本，等到景氣循環向上時，一定有機會獲利出場。可是大多數投資人在景氣從多頭轉空頭時，可能因荷包不夠深或缺乏耐心，無法強迫自己愈跌愈買，也就錯失了攤平成本的最佳時機。

例如，每月以十萬元定時定額買進全球不動產投資信託基金（Real Estate Investment Trust，REITs），假設從二〇〇七年十一月進場，當時淨值十一元，投資期間最慘曾下跌至三、四元。如果你一跌就停扣，經過十年後，淨值回升到十一元，等於幾乎沒有獲利。但如果在跌到三、四元時，你不僅低點不停扣，甚至還進場加碼，一旦淨值反彈至十一元，就有機會大賺五〇%以上。

因此，定時定額投資基金，碰到低點時，切勿任意停扣，才能累積到相對多的單位數。只要選對投資標的，當市場往下跌時，耐住性子、持續加碼，等到未來市場轉好，基金淨值隨之揚升，就能走完一輪微笑曲線，歡喜收割、微笑出場，也成功累積到人生一桶金！

理財小叮嚀

錢少時，先從定時定額投資基金開始。可別小看一個月只投資三千元或五千元，透過時間所創造的複利效果可是很驚人。錢多錢少絕不是問題，重點在於自己的投資意願，只要願意開始踏出第一步，永遠不嫌晚。

第7章

股票財務比率與基金績效的衡量指標

7-1 選股時關鍵的基本分析比率

買股票前若要瞭解一家公司經營的獲利情形與風險高低，詳閱財務報表是最可靠的方法。投資人都知道，股票基本分析著重於財務面，如何解讀三大財報的重要項目，才是投資功力之所在。儘管財報被視為落後指標，無法完全即時反應公司目前的真實狀況，但一家企業是否會陷入財務危機，只要仔細去觀察財報的某些項目，其實還是有跡可循。

根據金管會證券期貨局最新統計，截至二〇一七年十二月底，台股的上市櫃公司合計已達一千六百五十一家，面對數量如此龐大的投資標的，投資人最關心的議題不外乎是：「依照什麼標準篩選股票？哪些指標最重要？」、「股票基本面分析，必看哪些財務比率？」、「三大財報（資產負債表、損益表、現金流量表）中，哪些項目是必觀察重點？如何解讀其數字背後的意義？」

▼現金流量表：最重要的財務報表

在三大財報中，尤以現金流量表最重要。現金，代表企業資金流量的流入與流出。透過現金流量表，可看出一家上市櫃公司在過去一段經營期間（如一季或一年），營運、投資、融資等活動所產生的資金流動變化，包括取得現金來源及運用資金方式。

詳閱現金流量表，除了可衡量一家公司現金流量的好壞之外，還能看出有無增添生產設備，或是買賣股票、債券等投資理財活動？有無現金發放薪水、年終獎金及股東紅利？公司業績是蒸蒸日上，還是有跳票或倒閉危機？在不景氣時，投資人更應檢視企業各年度的現金部位。

基本上，現金流量表分為營業活動、投資活動、融資活動。在現金流量表中，以括號或負數表示，就是現金流出（減項），反之為現金流入（加項）。

營業活動中，以應收帳款淨額最重要。當收回應收帳款時，代表現金落袋，為現金增加；若以現金付掉應付帳款，則是現金減少。向客戶的應收帳款增多時，代表企業營運擴增，但也表示應流入的現金目前仍在應收狀態中，所以應收帳款較前期增加的金額要以括號表示，顯示現金尚未流入。

應收帳款是一家公司的營業基礎，如果應收帳款增加卻遲遲收不回來，最常見的原因是出貨給虛設的海外子公司，也可能是做假帳，根本沒有交易，例如早期的博達案、近期的樂陞案都是類似情況。因此，一家公司如果連最基本的營運現金流量都不是正數，根本就不值得投資。

投資活動中，若有買股票或其他投資，為現金流出；如果獲利了結，則是現金流入。由投資活動的淨現金流出或流入，可看出一家公司是否專注於本業上，或熱衷於業外的投資金融操作，若是後者，建議應少碰為妙。

由融資活動的現金流量中，可得知企業向銀行辦理短期借款增減、發放員工分紅及董監事酬勞金、股東現金股利發放、現金增資或發行公司債等理財活動。若有向銀行借錢、辦理現金增資，或發行公司債、可轉債，為現金流入；還錢給銀行、發放董監事酬勞及現金股利，則是現金流出。

現金流量表的最後淨額必須與期初做比較，才能知道公司一整年下來的現金流入與流出，真正反映企業營運狀況。

▼善用三大財務比率，衡量企業償債能力

在景氣衰退時，若要檢視一家企業是否會出現資金週轉不靈的問題，可從流動比率、速動比率及利息保障倍數等三大財務比率來觀察，而這些比率同時也是衡量一家公司償債能力的重要指標。

流動比率

流動比率的公式為：**流動資產除以流動負債**。流動比率代表企業償還短期債務能力的高低，是衡量企業短期風險的指標。如果流動比率愈高，表示資產的流動性愈大、短期償債能力愈強。

所謂的流動資產，是指企業在未來一年內很容易變現的資產，包括現金、有價證券、應收帳款、存貨等。流動負債則是企業在未來一年內要償還的負債，例如短期借

款、應付票據等。這些項目的數據均可在資產負債表中得知。

一般來說，流動比率至少要在二〇〇%以上。流動比率大於二〇〇%，代表公司的營運資產在未來一年內所帶入的資金流量充裕，足以清償債務，不會發生「資不抵債」的問題。反之，流動比率小於此數，顯示企業在未來一年內短期清償能力不佳，資金吃緊，恐有財務危機。

值得注意的是，流動資產中，存貨的變現能力較容易出問題。比方說，智慧型手機、平板電腦等3C產品，因技術發展快速，也許在倉庫裡放上三個月或半年，很可能就成為滯銷品，價值大不如前。因此，若流動比率是因存貨大量增加而上升，其參考意義較低。

速動比率

速動比率的公式為：**速動資產除以流動負債**。

速動比率與流動比率一樣，皆可用來衡量一家公司償還短期負債的能力。一般要求速動比率必須大於一〇〇%，代表企業短期償債能力佳，資金充裕，隨時有能力清償所有的短期債務。反之，若低於一〇〇%，表示公司短期償債能力差，資金緊俏，可能有財務危機。

所謂速動資產，指的是現金、銀行存款、債券、股票、應收帳款、應收票據等能快速變現的資產。在計算上，速動資產因為扣除了存貨，所以參考價值較高。另外，預付費用雖為流動資產，但實務上，由於金額通常很小，加上不可動用，即使不計入也不會有太大影響。

利息保障倍數

利息保障倍數的公式為：**稅前息前純益（EBIT）除以銀行利息費用支出。**

利息保障倍數是指公司向銀行借錢做生意時，所賺來的稅前純益是否足夠支付銀行利息，為企業中長期營運的財務指標。由於大部分企業都會舉債經營，舉債就會產生利息；若還不出利息，代表企業支付利息的能力不佳。

◎解讀三大財務比率背後含意

	流動比率	速動比率	利息保障倍數
代表意義	衡量企業償還短期債務能力高低的指標	與流動比率相同	指企業稅前純益支付利息費用的能力，為企業中長期營運的財務指標
公式	流動資產÷流動負債	速動資產÷流動負債	稅前息前純益÷銀行利息費用
基本要求	流動比率＞200%	速動比率＞100%	利息保障倍數＞5倍
數據解讀	流動比率＞200%→企業未來一年內短期償債能力佳，資金充裕。 流動比率＜200%→企業未來一年內短期償債能力差，資金吃緊。	速動比率＞100%→企業未來一年內短期償債能力佳，財務無疑慮。 速動比率＜100%→企業未來一年內短期償債能力差，資金緊俏，恐有財務危機。	利息保障倍數＞5倍→企業支付利息的能力高。 利息保障倍數＜2倍→企業還不出利息，可能是地雷股。

※資料來源：作者整理

基本上，利息保障倍數大於五倍，表示企業支付利息的能力高，債權人的債權受到保障，為可考慮投資的安全標的。反之，當利息保障倍數小於兩倍，表示企業還不出利息，不易從債權人手中取得貸款，可能成為地雷股。

綜合上述所言，一家企業只要流動比率低於二〇〇％、速動比率小於一〇〇％、利息保障倍數不到兩倍，加上近一年來營收衰退，就意味著可能發生財務危機，投資人應避而遠之。

▼資產負債表必看重點

資產負債表是存量的概念，可顯示一家上市櫃公司在過去的某一特定日（如每季或每年最後一天），所擁有的資產、負債及股東權益狀況。但期末餘額仍要與前年相比（YoY），才具有參考價值。

資產負債表的觀察重點，包括：**應收帳款淨額**、**應收帳款淨額──關係人**、**存貨淨額（庫存）**、**土地**、**廠房**、**房舍等固定資產**、**負債**、**股東權益**、**股本**等。

假設在資產負債表中看到現金淨增加一百萬元，你就要去判斷這一百萬元是如何取得——究竟是處分固定資產、買賣股票，或是對外舉債而來？從現金流量表可以看出其來源。如果是處分土地等固定資產，只能算是一時現金流入，不能反映本業營運狀況。

▼損益表必看重點

透過損益表，可看出上市櫃公司過去一段經營期間（如一季、半年或一年）營運狀況。損益表的觀察重點為營業收入、營業外收入、毛利率、營業費用、非營業費用、稅後淨利及每股盈餘。

觀察營收來源時，要區分是業內或業外收益。如果企業營收創新高，而且是因為本業獲利，就稱得上會賺錢的績優生。反之，若營收來自於業外收益，包括處分資產、轉投資、外匯操作等，不論獲利金額有多大，都不能視為本業經營的績效，因為這種收入都是屬於一次性或非長期性，穩健的投資人不應將營業外收入列為評斷投資的標準，更要小心靠營業外收入來美化帳面的公司。

值得提醒的是，藉由財報來分析股票基本面時，切記不能使用單一數值來判斷公司的好壞，必須要在相同產業中多方比較，或是與企業本身過去資料來做對比。畢竟，產業特性、企業規模及稅率不盡相同，必須在同一基礎上比較，才能做出較準確的判斷。

理財小叮嚀

現金殖利率高的定存概念股，一直廣受股民喜愛。存股數的先決條件是龍頭股、公司治理良好、企業領導人形象佳，以及公司營運短期內不會受產業景氣所影響。

建議大家從日常生活中挑選可投資的標的，千萬別碰自己不瞭解的產業，或是文創、生技等新興產業。另外，當看到報章媒體對某檔股票喊漲時，投資人對這種「羊群效應」宜多加戒慎，因為代表該檔股票已漲到高點，小心股價可能隨時反轉而下。

7-2 用常識就能搞懂財報分析

投資股票，除了要關心股價變化之外，還必須瞭解公司的基本面，探究是否具有投資價值。試想，買一支智慧型手機或一台平板電腦前，都會上網比價格、比功能，甚至比C／P值。難道在買一檔股票前，不用先詳閱一下企業財務報表嗎？

財報分析是投資人必備的基本功。然而，沒有財務、會計背景的人，往往會覺得財報上的專有名詞太複雜、數字太密密麻麻，不僅猶如天書般難懂，更讓人一看了就昏昏欲睡。

股神巴菲特曾說過：「有些男人看《花花公子》，我看企業的年度報表。」、「如果你不願用心學習會計，看懂、解讀財務報表，就不該自己去選股投資。」

這些話道出了巴菲特之所以成為「投資之神」的原因，也彰顯出財報分析對於個人及企業都是必備的能力。因此，想要投入股市的人，就從現在開始學習看懂財報吧！

從日常生活中學習財報分析

大多數人學習財務報表時，難免都會遇到一些關卡，其中最難的就是會計科目，舉凡應收帳款、應付帳款、資本公積、存貨、資產、淨值、營運現金流量、投資現金流量、理財現金流量等等，經常讓人有看沒有懂，甚至是背到頭昏眼花。

事實上，財報、會計科目都只是工具而已，只要能瞭解一些最基本的概念與項目，就可以應用到股票買賣上或融入個人日常生活中。基本上，除了企業外，個人和家庭也應該要做財務報表，建議可仿效公司財報的作法，把個人及家庭的財報分成資產負債表、收支表（相當於損益表）、現金流量表。

個人或家庭的資產負債表可顯示自己及家人在某個特定的時間點所擁有的資產，包括現金、定存、股票、基金、債券、保險等，以及目前未繳清的信用卡費、房貸、車貸等負債。用總資產減掉總負債，即為淨值，也就是真正的身價。

從每年年初開始，每天都要記帳，詳列每一筆收入與支出，到了年底結算後，再與年初做比較，就是個人或家庭的年度收支表。從這些財報可以看出個人及家庭資產配置和負債狀況、是否有分散風險或可能會週轉不靈，以及目前的現金水位等。

同理，一般人也可以從日常生活中學習企業財報分析。以現金流量表的營運現金流量、投資現金流量、理財現金流量為例，小美開了一家咖啡館，每天兢兢業業、努力賺錢，那麼營運現金流量就是「每月收進來的現金扣除花出去的成本」。如果營運現金流量是正數，代表咖啡館賺錢；若為負數，表示虧錢。

經營一段時間後，小美打算添購咖啡機、進口國外咖啡豆，這樣的行為在現金流量表上代表是「花錢」，所以投資現金流量為負數。如果小美想要縮小營業規模，開始變賣咖啡館的機器設備、桌椅時，在現金流量表上則是「收錢」，所以投資現金流量為正數。

理財現金流量也就是融資現金流量，意指營運現金和投資現金的財務調度行為。簡單來說，當資金不足時，就必須「向他人借錢」；但若賺大錢時，也可以「分紅給別人」。

再以小美為例，假設她決定要擴大營運、開分店，但手頭上現金不足，於是向銀行貸款或跟父母借錢，這樣的行為會使現金流量表上的理財現金流量為正數。因咖啡館賺錢，讓小美能還錢給銀行，並分紅給爸媽，現金流量表上的理財現金流量則為負數。

因此，從現金流量表中可以找到一家企業經營的「秘密」。成長型企業通常具有以下特點：營運現金流量為正數，代表公司賺錢；投資現金流量為負數，表示生意愈做愈大，需要添購機器設備及擴廠；理財現金流量為負數，代表有盈餘，可分紅給股東。反之，營運現金流量為負數，代表公司虧錢；投資現金流量為正數，表示靠著變賣家產來賺錢；理財現金流量為正數，代表不斷借錢、募集資金，這樣的公司長期下來很可能週轉不靈，成為地雷股。

▼解讀財報數字需考量產業別差異

分析財報有助於投資人判斷一家公司的好壞，但須提醒的是，在解讀財報數字時，應考量到產業別的差異。

一般人談起股票，開口總是先問：「毛利率？每股盈餘（EPS）多少？本益比幾倍？」此類投資人認為，這家公司去年賺多少錢、市場給予多少評價，是決定該公司股價的關鍵。

但假設兩家公司的ＥＰＳ十分接近，產業屬性、產品內容、營業利益率等等項目卻不盡相同，這都可能導致兩公司的股價表現迥異。所以我們選股不能光看ＥＰＳ，還必須觀察其他重點。

產業別的影響甚大，投資人不得不慎。舉例來說，一般產業的存貨過多、負債比率太高，通常會被認為公司經營不善。但銀行、保險等金融業，因沒有生產產品，所以沒有存貨問題，加上是用別人的錢來營業，負債比率大多維持在九〇％以上。所以，一家金融機構即便負債比率高，不見得就會發生財務危機。

由於銀行業是較特殊的行業，若要觀察銀行經營好壞，可從逾放比率著手。逾放比率的計算方式為「逾期放款金額除以放款金額」，可作為檢視一家銀行債權、授信品質的指標。

逾放比率的高低，顯示一家銀行收回放款金額情況的好壞。若逾放比率低，代表該銀行授信控管良好，將來欠債變成呆帳的金額較少；反之，逾放比率高，則表示該銀行授信放款控管不佳，未來欠債變成呆帳的機率較高。一旦呆帳太多，就會影響銀行的獲利與安全。一般而言，逾放比率在三％以下的金融機構，其授信品質較佳。

▼三大財報一起看，勾勒公司經營全貌

除了考量產業別之外，針對一家企業進行財務分析時，光看單一財報或會計科目，並不足以瞭解公司經營全貌，必須要把三大財報——損益表、資產負債表及現金流量表——全部放在一起看，才能解讀出數字背後所代表的意義。

一般散戶普遍的盲點是，三大財報中，只看損益表，卻沒有詳閱資產負債表及現金流量表。如果散戶僅看損益表，就貿然決定投資、買進一家公司的股票，有可能發生該公司已經瀕臨破產，散戶卻不知道的情形。

在三大財報中，最重要的是現金流量表。損益表可以說明一家公司賺錢或虧錢，資產負債表則顯示該公司的資產規模及負債狀況。但唯有現金流量表，猶如財務照妖鏡

般，能讓投資人看到其他財報上未透露的經營端倪。畢竟，現金流量表上的數字，才代表真正有該筆金額存在，而且能直接反映出公司在這段時間內，究竟是流出去的錢較多，還是流進來的錢較多。更何況，流進來的錢也並非絕對是好事，記得還要檢視到底是從哪裡流進來的錢。

舉例來說，大多數投資人最關心的就是每年發放的現金股利，尤其是連續好幾年穩定配息的公司更被視為定存概念股的標的。配發現金股利的前提，通常是企業必須要有盈餘，但即使公司獲利，如果沒有足夠的現金，也無法發出股利。

因此，一家企業是否擁有可自由支配的資金，足以每年穩定發放現金股利，就要看現金流量表。如果企業的自由現金流量為負數，卻還能發放現金股利，代表很可能是靠借錢或增資來配息或配股，這樣入不敷出的作法是很危險的。

此外，若要深入瞭解一家公司的經營全貌，建議最好要檢視近五年內的三大財報，並分析數字背後的意義，才能確實掌握整體發展狀況及長期營運績效，避免被一時的營收創新高所蒙蔽。

換句話說，只看數字的絕對值沒有意義，而光看單一會計科目也沒有價值，畢竟單一會計科目（如營業收入或應收帳款淨額）並不能代表公司的獲利能力。所以僅看單一數字、會計科目或財務報表，將面臨不小的投資風險。唯有把三大財報擺放在一起檢視，才能看見企業經營的全貌。

只要有心，天下無難事，投資股票亦是如此。願意花時間、認真努力研究損益表、資產負債表與現金流量表這三大財報的人，相信終有一日能破除數字魔障，財務報表也不再是無字天書。只要掌握基本的財務、會計知識，並懂得加減乘除，財報分析也可以很簡單，而且既輕鬆又有趣。

理財小叮嚀

企業舉債經營，究竟孰好孰壞，可從財務槓桿指數來觀察。財務槓桿是一種雙面刃，若適度舉債，可幫助企業提升獲利、活化現金流。但如果過度舉債，還不出利息，甚至侵蝕獲利，這樣的公司更容易倒閉。

財務槓桿指數的計算公式為股東權益報酬率（ROE）除以資產報酬率（ROA）。若財務槓桿指數大於一，表示舉債有利經營；反之，財務槓桿指數小於一，代表舉債不利經營。

在觀察ROE與ROA時，投資人也要考量到身分差異。例如，投資保險公司當股東，一定要看ROE，因為保險公司會拿保費（即資產）去投資。如果是保戶，則要看ROA，譬如購買分紅保單，投資後可拿回多少報酬。因此，數字高低背後的意義需要衡量及解讀，這才是學習財報分析的真正目的。

7-3 透過基金衡量指標選出鑽石基金

面對市面上琳瑯滿目的基金產品，投資新手難免不知從何下手。有些人想要透過基金績效排行榜，尋找適合自己的基金；也有些人參考全球兩大基金評比公司晨星（Morningstar）的「星等評級」（Morningstar Rating），以及理柏（Lipper）的「Lipper Leaders」，來簡易篩選基金。

除此之外，評估一檔基金是否值得投資，還可以看基金淨值以及一些重要的參考指標，例如標準差、β值、夏普指數、崔諾指數等。而由台灣大學財務金融系教授邱顯比、李存修所提出的「４４３３法則」，亦為國內最常使用的基金評選方式。無論使用何種方式挑選基金，提醒投資人應謹記以下兩大重點。

第一，使用基金績效指標及排行榜時，必須與該共同基金的基準投資組合或同類型的基金相互比較，才具有意義。

第二，晨星星等評級或理柏基金評級，雖然能幫助投資人迅速篩選基金，讓人一看到五顆星或「Lipper Leader」標示，便猶如看到正字標記般可靠。但事實上，基金評級並非用於預測基金未來績效的依據，而是衡量同組別基金過往表現的參考指標。因此，投資人仍應考量基金特性、基金經理人操作風格及市場環境變數等因素，在層層關卡下篩選出來的基金，才能符合個人的投資需求，建立真正屬於自己的「鑽石基金組合」。

▼切勿盲目迷信基金績效排行榜

過去常有民眾按照銀行「熱銷基金排行榜」的名次，來決定資產配置部位及基金申購依據。賣得最好的基金，投資比重最多，其他配置則照排名依序降低。但事實上，賣得好的基金多半都是銀行櫃員、理財專員舌粲蓮花，加上大力促銷的結果，績效有時反而平平。

除了銀行外，有些媒體或投信公司也會提供「基金績效排行榜」。在挑選國內或境外基金時，許多散戶投資人迷信此類排行榜中第一名基金的績效。然而，基金績效排行榜往往有失真之虞。

依照過往經驗來看，不論是台股基金或境外基金，鮮少有一檔稱得上是「常勝軍」或「常敗軍」。今年度績效最好的前五檔基金，隔年不見得能再次躋身前五名。因此，假如投資人每個月都是跟著購買當月第一名的明星基金，等於都只買漲在最高點的價格，很容易就此住進「套房」中。

由於基金常勝軍並非永遠不變的定律，加上基金的績效排行往往隨著市場波動而有很大的變化，更重要的是，排行榜上過去的亮眼表現，也不代表未來趨勢或報酬保證。所以投資人最好還是回歸「基本面」，別再只獨鍾單一年度的冠軍基金，或一味追求排行榜上的明星基金。

正確作法應該是多比較基金在不同時間點的績效表現。例如，觀察三個月期績效的冠軍基金，在六個月期的表現如何？或是一年期、三年期的中長線表現，甚至是五年期、十年期的長線績效表現等。畢竟，長期穩健績效，比得第一名更重要。投資人無須過於迷信單一年度的冠軍基金，反而更應重視基金績效的續航力。

至於該怎麼做？建議可從中長期績效與布局策略來篩選，以至少六個月、一年、三年績效排名在前一五％至二○％為標準，因為排名能長期維持在這個區間，代表基金經理人不論多空都能抓住市場趨勢，對基本面有下功夫。

除了相信暢銷基金外，迷信明星經理人也可能誤踩地雷。由於國內投信界的人事異動大，多數的基金公司每季都會檢視基金經理人的績效表現，若表現不佳，很快就會被換掉。如果投資人衝著基金經理人的「盛名」而投資，很可能發生投資沒多久，經理人卻已下台的情形。

事實上，基金投資標的是一籃子股票，績效來自於經理人及背後研究團隊的操盤表現。因此，市場未來展望及經理人的投資理念與策略，亦是投資人應納入考量的重點。

▼善用四大指標衡量基金投資價值

目前，用來評估一檔基金是否值得投資的參考指標，最常見的有標準差、β值、夏普指數及崔諾指數，亦是用於評估基金風險與報酬率之間的重要指標。

標準差

標準差是衡量基金報酬率的波動程度，主要是根據基金淨值於一段時間內波動的情況所計算而成。標準差愈大，通常表示淨值漲跌較劇烈，波動風險也較大；反之亦然。實務上，可進一步運用「單位總風險報酬率」（將報酬率除以標準差）的概念，以衡量投資人每承擔一單位風險可得到多少報酬。

β值

β值用來衡量單一基金相較於整體市場的波動風險。當β值愈大，代表風險及獲利潛力也愈高。由於β值與市場大盤同方向連動，當β值大於一，代表大盤上漲一〇％時，該基金上漲幅度會超過一〇％。假設β值為二，表示大盤上漲一〇％時，該基金上漲幅度會達二〇％；反之，當大盤下跌一〇％時，該基金會跌二〇％。一般來說，若市場大盤β值等於一，股票型基金的β值會較高，債券型基金的β值則較低。

夏普指數

夏普指數用來計算投資組合每一單位總風險（標準差）所獲取的超額報酬，也就是投資人每多承擔一分風險，可拿到多少高於無風險報酬率（如定存利率或國庫券）的回報。假設夏普指數恰好為零，表示每承擔一分風險所得到的超額報酬和銀行定存利率相同。如果夏普指數愈高，代表基金在考量風險因素後所獲得的超額報酬愈高，也就是較佳的基金。一般的風險評估期間，常以三年期為標準。

崔諾指數

崔諾指數用以衡量每一單位系統風險（β值）所得到的超額報酬，因只考慮系統風險，所以適合用來評估已分散風險的投資組合。崔諾指數愈高，代表投資組合績效愈好，通常是評估的投資組合只占投資人龐大投資組合的一小部分下更適合使用。

在使用這些參考指標時，記得要以同類型基金做比較，才會準確。例如，兩檔不同的股票型基金，在相同報酬下，希望追求風險最低者；或兩檔不同的債券型基金，在相同風險下，希望追求報酬最高者，也就是夏普指數愈高愈好。

▼依循４４３３法則挑選鑽石基金

如何在眾多國內或海外基金中，挑選出會賺錢的「鑽石基金」？由台大財務金融系教授邱顯比及李存修所提出的「４４３３法則」，可說是既簡單又好用的方法。

所謂「４４３３法則」，是將同類型基金的績效拿來做比較。第一個「４」，指一檔基金的一年期報酬率可排名在同類型基金的「前四分之一」。第二個「４」，指該檔基金的兩年、三年、五年期報酬率也排在同類型基金的「前四分之一」。第三個「３」，指該檔基金的近六個月報酬率排在同類型基金的「前三分之一」。第四個「３」，指該檔基金的近三個月報酬率排在同類型基金的「前三分之一」。一檔基金若符合４４３３法則，就是較值得信賴的優質基金。

根據４４３３法則，當一檔基金的短、中、長期績效與同類型基金相比時，都能維持在前二五％、前三三％的話，表示基金績效良好穩健，未來持續創造穩定報酬的機率較高。但要記得，使用４４３３法則來評估一檔基金的短、中、長期績效時，至少要觀察兩年才會比較準確。

另外，手上已經持有的基金，也可以善加利用４４３３法則，來追蹤基金的近期表現是否穩定。由於４４３３法則不僅觀察基金過去的中長期績效，也檢視該基金在近三個月、六個月內的短期表現。因此，如果有一檔基金在過去表現良好，但近三個月或近半年表現普遍下跌，在４４３３法則的排名中將落入後段班。此時，投資人應多加留意基本面的趨勢、基金經理人的操作策略等是否有所改變，以提高警覺並降低風險。

換句話說，４４３３法則不但可用來挑選優質基金，還能作為監控機制，提早讓投資人注意手上持有的基金究竟是否要放入「警示名單」中。因此，不論是短線投資或中長期布局，聰明的投資人都可以多加運用４４３３法則做出來的排行榜，藉此找出真正會幫自己賺錢的「鑽石基金組合」。

理財小叮嚀

基金的成立時間、規模、團隊成員組成、年化複合報酬率等，也都是挑選基金的條件。首先，基金的成立時間不宜太短，否則無歷史績效可參考。更何況新基金剛募集時，往往都是市場過熱之時，選擇在此時進場，很容易套在高點。

其次，基金規模不宜太小，否則子彈不足，容易被其他基金併掉；但規模也不宜太大，會讓基金經理人操作上不靈活或難以布局，使得績效受影響。再者，選擇的投信公司應該是重團隊、輕個人，而且最好要有國外研究團隊或顧問，才有益於提升整體績效。最後，若以年化複合報酬率來評估，貝萊德環球資產配置基金、富蘭克林坦伯頓成長基金，都是長期獲利穩定的優質基金，適合定期定額投資。

第8章

資產配置的重要性與方法

8-1 資產配置的核心價值

投資人若無法精準掌握市場波動，最安穩的作法是先建立資產的核心配置，先求保本再求獲利。此外，投資商品的風險控管亦是理財勝敗的重要關鍵。

所謂資產配置，指投資人根據個別情況、投資目標及可承受的風險，在不同的時間點上，將資產依比例投資在不同的金融市場或工具上，例如現金、定存、股票、債券及房地產等，以降低資產組合的投資風險，並獲取最佳的報酬。

基本上，資產配置的重點在於全盤性與長期性，所以必須先擬定大方向與總體目標。舉例來說，現代人最關心的退休金規劃，建議先設定好理財目標，再做資產配置。假如設定退休後希望每月有五萬元的現金收入，代表已確定好理財目標；再來是盤點手上的現金，然後尋找適當的投資工具，幫助自己達成月入五萬元的目標。

資產配置的考量重點，除了投資人年紀外，還有家庭責任狀況、因應人生不同階段的理財目標、投資計畫的時間，以及風險控管。以一般人常見的家庭責任狀況來說，其優先順序通常是子女教育基金、長期照護與醫療基金、退休金等，畢竟不同的階段對金錢的需求會不一樣，所以要根據不同的家庭責任和人生階段，來設定具體的理財目標。

進行資產配置時，須留意風險控管的重要性。風險可分為兩種，廣義的是人生風險無所不在，狹義的則指投資風險。無論哪一種風險，當風險發生時，都要確保手上有足夠的金錢能彌補所受的經濟損失。因此，所有投資理財和資產配置的起點，都要先從風險角度出發，先講求不傷本，再追求獲利。

▼投資組合報酬率取決於資產配置

資產配置重視的是中長期穩健獲利的價值，短期選股或選時都只是一時的獲利。根據美國三位學者布林森（Gary P. Brinson）、辛格（Brian D. Singer）及畢鮑爾（Gilbert L. Beebower）針對九十一支大型退休基金的實證研究指出，影響長期報酬的因素中，完善的資產配置占了九一・五％，選股僅占四・六％（見圖8-1）。由此可見，中長期穩健獲利的主要關鍵，仍是多元資產配置組合。做好投資組合中股票、債券及現金的分配比重，遠比個股挑選或預測市場進出點來得更重要。

資產配置可決定投資回報的結果，其核心理念是「現代投資組合理論」（Modern Portfolio Theory），由芝加哥大學經濟系教授馬可維茲（Harry Markowitz）於一九五二年首次提出，這個理論也讓他在一九九〇年榮獲諾貝爾經濟學獎。根據馬可維茲的研究，理性投資人可透過分散投資來優化資產配置組合，在等值風險下，多元化的投資

圖8-1　資產配置決定投資組合報酬

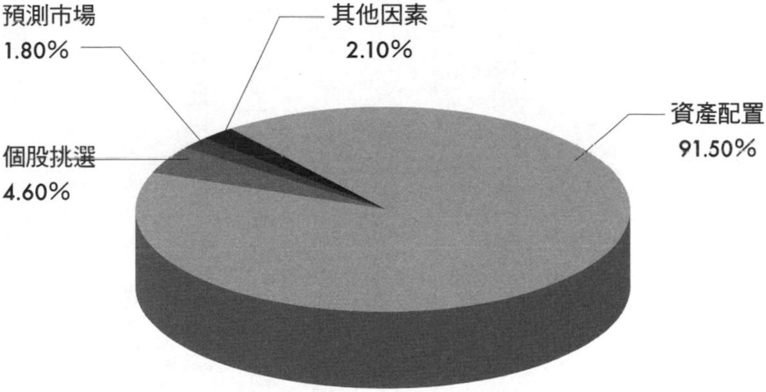

※資料來源：布林森、辛格及畢鮑爾，「投資組合績效的決定性因素II：更新版」（Determinants of Portfolio Performance II: An Update），《金融分析家期刊》（Financial Analyst Journal），1991年5、6月

策略可有效降低風險，進而提高報酬率。這就是現代投資組合理論的重要概念。

除了分散投資外，把投資時間拉長，也是影響中長期穩健獲利的關鍵因素。一般來說，資產配置通常是為期十年以上的計畫。對於資產配置的投資績效，投資人應至少每三個月、半年或一年要檢視一次，並定期做適當調整，包括投資標的及比重。

以我的客戶購買某家保險公司變額年金險為例，自二〇〇七年五月三十日開始以定期定額的方式投資，每月固定扣款兩萬元。截至二〇一七年五月底止，等於投資了十年，這段期間雖然曾歷經二〇〇八年全球金融海嘯、二〇〇九年歐債危機，但因有定期做適當調整，最後結算下來，平均年化報酬率為三%到四%。目前，在台灣的投資市場中，每年都能穩健獲利三%到五%，而且持續長達十年皆如此，實屬難得可貴。

▼建立股債比例：資產配置的第一步

資產配置是投資人透過不同投資工具來建立投資組合計畫。基本上，投資工具分為五大類：股票、債券、現金、商品及不動產。這五大類投資工具因相關性低、異質化高，在歷史上很少出現齊漲齊跌的現象。因此，只要長期且分散投資，便能降低整體投資組合的波動風險，讓資產穩健成長。

這五大類投資工具中，有人提出股票、債券、商品、不動產及現金可依「４３１１１」的比例來長期配置。然而，投資不動產，有地段選擇和流動性較差等問題，所以一般人配置的重點仍應以股票、債券為主。

建立股債比例，為資產配置的第一步驟。所謂股債比例，也就是設定積極型投資工具（如股票）與固定收益型工具（如債券、基金、國庫券）的比例。但近來股王大立光（3008）股價不斷創新高，一張上看新台幣六百萬元，讓人根本買不下手；而以美元計價的國外公司債券，投資門檻也很高，至少要十萬美元起跳。這樣小資族該如何建立股債比例？其實，只要購買含有大立光的股票型基金，或美元計價的債券型基金，也等於是間接投資大立光及國外債券。

現金是一種無風險資產，不易受到系統風險的影響。為維持生活基本開銷，適度持有現金資產，有其必要性。不過，有的人抱持現金為王，將所有儲蓄只放活存或定存，結果投資報酬率過低，又不能抗通膨，等於實質購買力受損。因此，現金不宜持有太多，以免影響長期報酬。

▼決定投資標的、區域及幣別：資產配置的第二步

設定股債比例後，接著再決定投資標的、投資區域，以及計價幣別。投資標的包括股票、債券、能源、原物料、貴重金屬等，投資標的投資區域可分為全球、區域、單一市場或國家，計價幣別常見有新台幣、美元、歐元、人民幣等。

妥善配置資產後，必須定期做資產再平衡。如此有紀律的操作方式，雖然無法立即賺到絕對報酬，卻能穩健地賺到相對報酬，確保一輩子的投資理財之路走得安安穩穩、長長久久，達成「要用錢時就有錢用」的理財最佳境界，富足過一生。

理財小叮嚀

一般人做資產配置時，最常見的迷思是以為資產配置要隨時隨地調整。事實上，設定理財目標並做好資產配置後，接下來只需因應市場變動來做微調或適當調整。如果要大幅度調整資產配置的內容，反而應該先回歸到規劃初衷，也就是當初為何要設定這個理財目標、為何要做這樣的資產安排與配置，而非一直試圖轉換投資工具。

另一個對資產配置的誤解是，很多人誤以為自己買了十幾檔基金，就是資產配置或分散投資。其實，這頂多只是亂槍打鳥而已。如果仔細觀察，可以發現這十幾檔基金可能全部押在同一種標的上，例如只買科技股，或超過九成以上都是買股票型基金，或押注單一國家如印度、日本等，或只投資金磚四國之類的新興市場。

另外，願不願意接受中長期投資，也會影響到資產配置的功效。許多人買基金時最常犯的錯誤觀念，就是把基金當作股票投資，以為買基金後只要放七到八個月，就算是中長期投資。其實，基金主要獲利來源在於長期複利的效果，如果投資基金時喜歡短線進出，不僅失去複利的機會，更徒增手續費和信託管理費的成本，反而得不償失。

8-2 攻守俱佳的向日葵投資法

既然資產配置是決定中長期穩健獲利的主要關鍵，那麼該如何確保獲利可以豐厚入袋呢？最簡單的作法是採取「向日葵投資法」，先依個人可承受風險的高低，將投入資金以不同比例區分為穩健的核心資產，以及積極的衛星資產。

接著，在投資期間內，如果衛星資產的投資報酬率達到原先設定的獲利點時，再將部分獲利了結，並轉投資進核心資產，以擴大核心資產的規模，讓投資組合的整體報酬率能夠穩定且持續成長。

▼核心資產＋衛星資產＝向日葵投資法

向日葵投資法又稱為「衛星法」，堪稱是投資學上歷久不衰的操作策略之一。有趣的是，金黃耀眼的向日葵，向來予人溫暖樂觀、充滿活力與幹勁的印象，為何會與錙銖必較、充滿風險的投資產生關聯呢？其實，向日葵的花朵構造和生長特性，與投資原理有異曲同工之妙。

所謂向日葵投資法，意指資產組合的配置猶如向日葵的花心及花瓣，花心為核心資產，花瓣則是衛星資產。從花朵外觀來看，花心占了向日葵的主要部分，花瓣僅占一小部分，將花心大、花瓣小的概念應用於資產配置上，意即核心資產在整體資產組合應占較高的比重，至少應占總資產的五成以上，甚至更高；衛星資產的比重則較低，可占總資產的一至五成，並視個人風險偏好、風險承受度而定。

投資時，宜先求核心資產的穩健獲利，再輔以搭配衛星資產，以強化投資收益。核心資產需長期持有，以兼具保本和獲取資本增值為目的，因此，選擇的投資工具必須具有長期績效穩健成長、風險及波動率相對較低等特性，例如績優股、全球股票型基金、已開發市場股票型基金、債券型基金等。

衛星資產則屬於中短期投資，可選擇高風險、高報酬的投資工具，像是業績爆發力強的電子股、具短線投資題材的概念股，以及適合短期波段操作的新興市場或單一新興國家基金或產業型基金等，再透過靈活的操作手法，搭配停損停利點設置，以獲取超額報酬。

由於衛星資產的機動性較高，可視市場時機波段操作，或視個人風險偏好及可投入時間長短來配置。因此，這個部分投資即使出現虧損，也不至於會動搖整體資產組合的根本。

除了特大的花心，加上向外放射的花瓣外，向日葵還有喜歡「向著太陽轉動」的生長特性，不僅象徵積極、正面的人生態度，更傳達出「希望無所不在」的意涵。將此延伸至投資理財上，可知每個人的投資歷程難免會遇到高低潮，當烏雲密布時，即使向日葵也失去了方向，但我們仍然要心向著理財目標，依原先規劃的投資策略而穩健邁進，相信終有一日可以看見溫暖的陽光。

▼進可攻、退可守的投資組合

在當今投資環境快速變動下，向日葵投資法可以充分發揮資產配置及分散風險的效果，協助投資人透過層層縝密布局，打造攻守兼具的投資組合，輕鬆因應金融市場的各種大風大浪！

事實上，向日葵投資法非常適合以下五種投資族群：第一是沒時間看盤的上班族；第二是薪水不高且收入來源固定的年輕人；第三是每月要繳房貸、車貸且風險承受度有限的「三明治世代」；第四是容易受他人影響而買高賣低的菜籃族；第五是對於股票技術分析似懂非懂而賺少賠多的股票族。

以設立存錢目標來說，投資人可以善用向日葵投資法，把「資產向日葵」的規模從小慢慢做到大。例如，當市場多頭時，不僅核心資產可帶來穩健向上的報酬，衛星資產更是成長迅速，此時不妨可以提高衛星資產的投資額度，再視市場價值變動，適時將部分獲利了結，然後將獲利轉入核心資產中，讓小花變成更大朵的向日葵，以加快個人資產規模的成長速度。

相反地，遇到空頭降臨時，由於核心資產與衛星資產的比重、投資工具配置得當，加上投資工具彼此之間風險關聯性較小，形成「進可攻、退可守」的投資組合，既可確保投資的穩定性和長期收益，又能熬過凜冽的景氣寒冬。

▼核心、衛星資產比重應定期調整

不過，值得提醒的是，核心資產和衛星資產比重的配置，最好隨著年紀增長而調整。年紀輕時，花心可以少一點，花瓣則多一點。當年紀漸長後，就要把花瓣裡的資金慢慢移往花心，才能讓花心變大、花瓣變小，確保資產的安全性。畢竟，如果沒有了花心，再多的花瓣，向日葵也無法自行生存。

除了需要定期檢視核心資產及衛星資產的績效表現，主動汰弱換強外，投資人還要注重的並不只是報酬率高低，更要注意投資組合風險是否符合自身的風險承受度。如果為了追求高報酬而承擔過高的風險，或是投資報酬率過低而使人遲遲無法擴大資產規模，最終都會導致資產配置無法持之以恆。因此，採用向日葵投資法來執行資產配置的人，在以時間換取報酬的情況下，隨時提醒自己要持之以恆，才是最重要的課題。

▼整體財富成長比單一股票獲利更重要

很多人以為有錢人都是大膽投資，其實有錢人的資產配置，可能比你想像得更為保守。根據我多年的觀察，富豪與一般人管理資產的最大不同之處在於：富豪懂得善用資產配置，並設定嚴謹的投資計畫與策略，以及選擇年期較長的投資工具，然後一步步達成理財目標。

坦白說，富豪管理資產的想法很簡單。他們大多希望守住現有財富，每年只要多賺一點，讓資產能穩健成長；即使當市場出現震盪時，個人的資產也不會隨之高度波動。因此，有錢人更關注資產配置及分散風險的重要性，在投資過程中必須透過資產配置來分散或降低風險，同時也提升整體投資組合的未來報酬率。

以長期投資的角度而言，有錢人在追求總報酬時，並不要求投資一年就要馬上賺進一〇％以上的報酬率，而是採取三到五年檢視一次投資績效。長期投資和經營事業一樣，必須事前做好詳盡的研究與規劃，一旦選定後，應該要有紀律地持續下去，才能發揮長期投資的效果，提高財富增值的機率。

因此，採用向日葵投資法，主要是看整體資產組合的投資報酬率，也就是只要投資組合賺錢即可。以我的客戶為例，在過去投資十年中，儘管曾歷經二〇〇八年全球金融海嘯、二〇〇九年歐債危機，但資產組合的平均年化報酬率仍有三％到四％。根據統計，從二〇〇〇年網路泡沫迄今，平均年化報酬率也還是有三．七一％。

由此可見，投資須看整體績效的成長率，以及整體財富或資產有無增值，而不是單看某一檔股票或基金的投資報酬率高低。畢竟，對務實的有錢人來說，經常賺錢比只賺一次大錢更重要。

8-3 資產配置工具與實戰心法

以「向日葵投資法」進行資產配置，目的不在於追求資產的最大化，而是希望將整體投資組合的波動風險降至最低。因此，核心資產與衛星資產的比例該如何分配、應如何挑選適當的投資工具，以及個人風險承受程度、可投資時間長短、資金規模和布局等，都是投資人需要關心與注意的重點。

原則上，核心資產的布局，應以風險較低、固定收益商品為主，例如長期績效穩健的績優股、債券型基金、指數股票型基金、儲蓄險或年金險等。屬於花瓣的衛星資產，布局上則可以挑選風險較高、報酬率較高的積極商品，比如國內外股票、股票型基金、複委託、期貨或選擇權等。

投資人應謹記，唯有透過不同投資工具的配置，來建立整體資產組合計畫，在追求報酬之際，同時也嚴控投資風險，才能逐步實現自己設定的理財目標。

▼核心資產工具：首重固定收益

由於核心資產猶如蛋黃，必須厚實以免破裂。因此核心資產的投資工具，應以能帶來固定收益與配息的商品為佳，像是國庫券、公司債、債券型基金、指數股票型基金，另再加上一部分儲蓄險、年金險等。

國庫券

在資本市場上，世界各國通常都是以政府公債或國庫券的利率，作為無風險利率的標準，因為政府公債或國庫券的風險幾近於零。尤其是世界主要已開發國家的經濟體，其政府公債或國庫券的風險一般都被視為零。

所謂無風險利率，指的是將資金投資於某一項沒有任何風險的投資標的而能得到的利息率。這是一種投資收益的理想狀況，畢竟並非每個國家的公債都是完全無風險。舉例來說，美國一個月期國庫券（也就是短天期政府公債）的成交利率，通常被公認為市場上的無風險利率，這是因為美國政府的公信力獲得市場認可，不會出現違約

（default）的情況。然而，辛巴威、希臘等國家所發行的國債，即使溢價，也不見得有投資人敢買。

債券

投資債券，最大的風險是一旦債券發行機構發生違約情事，可能導致本金及債息無法獲得償付，因此事前充分瞭解發債機構的信用評等很重要。債信評等愈高，表示債券違約機率愈低；反之，評等愈低，違約風險愈高，發債機構必須提供較高的殖利率，以吸引投資人認購。

目前，世界三大信評機構為：穆迪（Moody's Corp.）、標準普爾（Standard & Poor's）、惠譽國際評等（Fitch Ratings）。它們主要是針對企業或主權國家的償債能力做評比，所發布的資料通常頗具參考價值，尤其受到投資法人的重視。

債券型基金

若想要保本保息，可考慮信用評等在ＢＢＢ以上（含）的債券，也就是可投資等級債券，並以五年到七年期債券為優先選擇。國內債券市場上，台積電、中華電信等企業本身信用評等較佳的公司債，一般被公認為可保本保息的投資工具。不過，海外債券如英國匯豐銀行（HSBC Bank）公司債，信用評等佳，但投資門檻至少十萬美元起跳；一般民眾

◎3大信評機構評等代表意義

債券類別	穆迪	標準普爾	惠譽	代表意義
可投資等級債券	Aaa	AAA	AAA	品質極佳
	Aa	AA	AA	品質佳
	A	A	A	品質優於平均
	Baa	BBB	BBB	品質中等
高收益債券	Ba	BB	BB	有些投機成分
	B	B	B	投機品質
	Caa	CCC	CCC	品質不佳
	Ca	CC	CC	高度投機品質
	C	C	C	接近違約品質
	—	D	D	倒帳等級

※資料來源：穆迪、標準普爾、惠譽

雖然買不起，卻可以透過債券型基金來投資。

債券型基金中，高收益債券（或稱為垃圾債券）指未經信用評等，或信評等級未達ＢＢＢ等級的國家或企業所發行的債券。高收益債券可能面臨的主要風險，包括企業倒閉或違約機率高、債券發行者可能被降評、通膨及利率上揚、全球經濟突然發生流動性風險等。

指數股票型基金（ＥＴＦ）

ＥＴＦ的全名為「指數股票型基金」，顧名思義，就是透過購買指數成分股，追蹤指數報酬的基金。由於每一檔ＥＴＦ至少由數十支股票組成，不僅具有分散風險的好處，交易成本更比一般基金及個股低。一般買賣股票的交易稅是〇．三％，ＥＴＦ卻只要〇．一％，而且交易方式與個股一樣，可融資融券。

基本上，投資人只需追蹤整體政經趨勢及判斷大盤多空方向，即可交易ＥＴＦ，無須深入研究每家公司的基本面、技術面及籌碼面，可省下不少時間和心力。因此，ＥＴ

F很適合一般人作為資產配置的核心工具。

台股最具代表性的兩檔ETF是元大台灣卓越50（代號0050，簡稱元大台灣50）和元大台灣高股息（代號0056，簡稱元大高股息），都是購買一籃子的股票，可大幅降低投資人踩到地雷股的風險。

元大台灣50涵蓋台灣證券市場中市值前五十大的上市公司，代表藍籌股的績效表現，其股價與大盤走勢亦步亦趨，投資人無須自己選股，更省時省力。元大台灣高股息以台灣50指數與台灣中型100指數共一百五十支成分股作為採樣母體，然後從中挑選未來一年預測現金股利殖利率最高的三十支股票作為成分股，再以現金股利殖利率加權，凸顯長期穩定配息公司的績效表現。

若要投資中國股市，在台灣掛牌的中國股市ETF，投資的交易所以上海與深圳股市為主。以上海股市為例，主要追蹤上證180指數、上證50指數，前者從上海證券交易所中選出具代表性的一百八十檔A股股票為標的，此一百八十支成分股占總市值的八〇％，可充分反映上海股市的現況。後者從上海證券交易所中選取最具有市場影響力的五十檔股票，代表龍頭企業的績效表現。

共同基金

共同基金是國內投資人最耳熟能詳的理財商品。但值得提醒的是，基金並非保本的投資工具，即使購買基金，也應先做好核心基金與衛星基金的配置。若為了存退休金之用，以核心基金來說，可考慮以人生不同階段為主題的人生週期基金。

所謂人生週期基金，又稱為生命週期基金（Lifecycle Funds），強調長期投資與資產配置概念，還可再細分為目標日期基金（Target Date Fund）及目標風險基金（Target Risk Funds）。

目標日期基金通常設計不同的到期年限，有五年到十五年不等，逐年調整股票、債券、固定收益證券及現金的比例，愈接近到期年限，固定收益商品的比重愈高。投資人可選擇與自己投資期程接近的目標日期基金，投資比例交由專業經理人靈活配置，在一定時間內調整股債投資比重，以追求穩定獲利。

至於目標風險基金，在設計之初，已按成長、穩健、保守等屬性，決定股票、債券及其他固定收益證券的投資比例，譬如股債比為七比三、或是六比四。由於投資比重不容易變動，投資人應自行衡量可承擔的風險，選擇適合自己的基金。

原則上，挑選核心基金，應符合長期投資、獲利穩健、風險波動小等三大標準。因此，除了生命週期基金外，全球股票型或區域股票型基金、平衡型基金、收益型基金等，也可作為核心資產配置的選項。

定存

定存雖然保本保息，卻無法抗通膨。從歷史經驗來看，通貨膨脹的機率要大於通貨緊縮。當前國內通膨率約一・八％至二％，但台灣銀行目前一年期定期存款固定利率僅一・〇七％，加上金管會於二〇一七年十月公布統計數據，全體本國銀行「濫頭寸」高達十兆元，為史上頭一遭。如今對銀行來說，利息是成本負擔，以至於部分銀行已傳出拒收大額存款的消息。

因此，在核心資產的配置中，建議定存（含外幣定存）約占三％到五％，其餘以定存概念股如台積電、中華電信，以及如元大台灣50這樣的ETF、債券型基金等為主，全部基金檔數以五檔為宜。

▼衛星資產工具：拉高投資報酬率

衛星資產以投資時間較短、風險較高、報酬率較高的投資工具為主，包括國內外股票、新興市場或單一國家的股票型基金、複委託、選擇權、期貨等。假如衛星資產的期望報酬率要設定得更高一點，那麼核心資產的內容最好規劃得更保守一點。

複委託的正式名稱為「受託買賣外國有價證券業務」，必須先到具有海外證券複委託資格的國內券商開立複委託帳戶後，才能透過國內券商下單買賣海外有價證券，例如美國、香港、日本、英國、德國及新加坡等國家的股票，以及外國債券、金管會核准境外基金等。當國內券商接受委託單後，再向國外券商下單。因委託單會經過國內及國外券商兩次動作，所以稱為「複委託」。

選擇權、期貨屬於高風險、高槓桿的投資商品，在衛星資產中的占比不宜超過一〇%。值得注意的是，在投資時，千萬不要當選擇權賣方，尤其是裸賣的投資策略，以免踏上破產的不歸路。

▼隨年齡調整資產配置的投資比重

資產配置強調的是將資金依不同比例分散在各投資工具，來降低整體投資組合的波動風險，以期讓資產穩健成長。若不知該如何分配核心資產及衛星資產的比重，最簡單的方法是用一百減掉目前的年齡。比方說，四十歲的投資人，其核心資產應占總資產的四〇%，衛星資產則占六〇%，他們可以接受較高比重的高風險性資產；若是七十歲的

◎核心資產與衛星資產比較

	核心資產	衛星資產
波動風險	較低	較高
投資報酬	相對固定而穩健	較高
投資時間	較長	較短
投資工具	公司債、國庫券、ETF、債券型基金、儲蓄險、年金險	國內外股票、股票型基金、複委託、選擇權、期貨

※資料來源：作者整理

投資人，其核心資產應占七〇％，衛星資產則占三〇％甚至更低一點，才能穩穩守住財富，讓老後生活無虞。

從資產配置的基本原則可得知，核心與衛星資產的配置，以及股債的投資比重，都應隨著年齡增長而調整。當年紀愈大時，核心資產的部位也愈大，代表辛苦養大的向日葵花心愈不容易受到風吹草動的影響。

金融市場瞬息萬變，建構好整體投資組合後，仍需定期做資產再平衡，包括適時調整股債比例、投資標的、幣別等，以控管整體投資組合風險，並提高資產報酬率，確保理財目標能早日實現。

理財小叮嚀

投資時間長或短，要看投資組合目的而定。如果目標是兩到三個月內就要投資變現，這樣根本無法做資產配置。基本上，短期投資的定義為一年，中期投資是三到五年，長期投資是五年、甚至十年以上。想要追求中長期穩健獲利，就必須把投資時間拉長。這種投資方式雖然無法立即賺到大錢，但細水長流、源源不絕的收益，就像是以密集安打創造出大局，比只敲出一支全壘打來得更好。

第9章

自我投資與專注核心事業

9-1 投資自己是最好的投資

從年輕剛進入社會的新鮮人開始，一直到經驗豐富的主管階級，最後走入樂活美好的退休時期，在人生的每一個階段中，投資理財的重點都不盡相同。然而，投資有賺有賠，唯有投資自己穩賺不賠，尤其是對年輕人來說更是如此。

股神巴菲特受訪時曾說過，人生中沒有哪一項投資，會比「投資自己」更划算，既不用繳稅，而且還不受通貨膨脹所影響。諾貝爾化學獎得主李遠哲在公開演講時也說，學一技之長，要走一輩子或走遍天下，這樣的觀念現已落伍；在這個日新月異的時代中，你必須擁有不斷學習新事物的能力。

既然進入職場工作之後，再也沒有父母、師長在一旁叮嚀或要求，你必須更主動學習、主動自我要求，並不斷投資自己的腦袋，才有機會改變自己的人生，闖出一番亮眼的成績。

因此在漫長的職涯中，每個人都應「定期定額」投資自己的專長和興趣，並打造職涯資產的金三角：**專業能力、工作經驗及人脈**。只要能將時間及金錢投注在建構自我能力上，加上每天進步一點點，日積月累下來，相信有朝一日必能攀登巔峰！

▼投資自己 vs. 累積資產

投資自己和累積資產，到底哪一個比較重要？答案是都重要。但若要論及孰先孰後，以年輕人來說，絕對是投資自己為優先。

對於甫踏入職場的社會新鮮人而言，學會投資理財的觀念固然很重要，可是優先加強自己工作上的專業能力更重要，因為唯有如此才能快速提升個人收入，讓自己的月收入從兩、三萬元提高到四、五萬元，對於將來要透過投資來增加資產，也才會產生事半功倍的效果。

因此，想要讓自己脫離22K的困境，投資自己，絕對是高投資報酬率的標的。現年八十七歲的巴菲特在年紀很輕時就開始投資，如今縱橫股海已逾七十多年，靠著投資股票賺進大把鈔票，也讓個人身價突破九百多億美元。

但在巴菲特的無數投資中，他認為最終只有一項投資可以取代所有其他投資，那就是「投資自己」，「投資自己的腦袋」賺更多！因為沒有人可以奪走自己內在的東西，況且每個人都還有尚未充分開發及利用的潛能，所以「投資自己」是每個人所能做到的最好投資，完全不會被偷走或課稅，就連通貨膨脹也不會「吃掉你的能力」。

可別看巴菲特如今能在公開場合侃侃而談，其實他也曾經有弱點。年輕時期的巴菲特非常害怕公開演講，一上台就會渾身不對勁，甚至想吐。為了克服此弱點，他決定花一百美元報名參加卡內基訓練課程，雖然曾經半途而廢，但經過多次練習後，不僅造就了現在的巴菲特，也讓他追求到第一任妻子蘇珊（Susan Thompson Buffett）。因此，口語表達訓練，是巴菲特早年對自己的一大重要投資。

巴菲特受訪時曾鼓勵大家，不管你的弱點是什麼，迎面痛擊它，現在就去做。不論你想要多學點什麼，今天就開始做，千萬別拖到老年時才要做。無論是培養良好的習慣或保持身體健康，巴菲特相信：「最好的投資就是投資自己。」每天晚上睡前一定要比今天醒來的時候懂得更多。畢竟，一個有價值的人生，不在於口袋有多深，而是在生活中獲得多少樂趣，所以做自己喜歡的事，才能真正發揮天賦，同時也是所有投資項目中報酬率最高者。

▼學習不能只限於工作領域

可是，學習、自我投資時也要規劃目標，否則盲目學了一大堆既不實用又派不上用場的東西，也算是一種投資失敗。

那麼，該如何投資自己呢？若以職涯資產的金三角來看，專業能力、工作經驗及人脈，三者缺一不可。初入職場時，要先累積工作經驗值，除了努力學習與自己工作有關的專業技能外，還要隨時保持危機感，讓自己的專業能力與時俱進。當工作技能提升後，便有助於個人的薪資成長，提高資產累積的速度。相信只要有心，任何人都能做到這一點。

至於該怎麼為專業帳戶加值，不妨可以先思考一下未來社會究竟需要何種人才。由於大環境的變化不僅會影響產業未來發展，也會帶動對各種人才的不同需求。因此，在學習、自我投資時，除了要考慮個人興趣、工作專業需求外，也應該想一想：**擁有什麼樣的能力，才有助於未來五年或十年的職涯發展？**

畢竟，唯有找對關鍵能力，才能成為搶手人才。近來，國際調研機構顧能（Gartner）、國際數據資訊（IDC）等陸續發布二〇一八年台灣十大科技趨勢。其中，顧能提出的十大預測，有六項與人工智慧、金融科技（FinTech）相關；國際數據資訊則提出五項，包括人工智慧、智慧物件、智能對話、機器人學習和預測、無人商店、區塊鏈等，也都是屬於機器人和金融科技的領域。

若想要進修、增加新的競爭力，不妨從中找尋自己感興趣的項目來學習。尤其是金融人員在金融科技衝擊下，現階段的優先要務是衝刺考試、考取金融專業相關證照，例如由台灣金融研訓院辦理的「金融數位力知識檢定」測驗。

除了專業知識與工作技能外，最好還能累積一些可以隨身帶著走的技能，像是溝通能力、團隊合作能力、協調能力、企畫能力、解決問題能力、管理能力等。另外，處理挫折及紓解壓力的能力亦不可忽略，因為在工作上難免會遇到關卡，學習如何放下，也是人生中自我成長的過程。

如何分配時間也很重要。成功人士都是有熱愛閱讀的習慣，上班族若平時工作忙碌，沒時間讀書，不妨可採取「萃取式學習」，並藉由參加讀書會、心靈成長課程，運用人際關係和社群的力量，彼此教學相長。

不過，學習不能只限於和工作領域相關的事物，人脈與人際關係亦是很重要的資產。通常，在辦活動的過程中，可學到的東西會比在課堂上更多，尤其是溝通能力與人際關係。培養人脈，是一種「養兵千日，用在一時」的長期工作。人脈累積雖然無法瞬間開花結果，但若把時間放長遠一點，將能深刻體會到「成功靠人脈，人脈靠真誠」的道理。

平時應以培養友誼為出發點，多主動付出、幫助他人，讓自己成為別人的貴人。當你的「人脈基礎」已經穩固之後，有一天出現機會時，相信這些人脈都可以派上用場、發揮效果。

▼每天進步一%，一年後強大三十七倍！

投資自己需要時間成本與金錢成本，雖然無法完全量化，但可透過時間複利的效果，讓自己每天持續進步一%，一年下來之後就會比現在的自己更厲害。

每天進步一%的思維，來自於日本電子商務龍頭樂天社長三木谷浩史的名言：「一．〇一的三百六十五次方是多少？」

答案是三十七。這是三木谷社長用來督促自己的公式，意思是只要每天改善一%，持續三百六十五天，一年後的自己將比現在強大三十七倍。相反地，如果每天都退步一%，那麼自己一年後的實力只剩下當初的〇．〇三倍。

由下表可以看出，「〇．〇一」這個微小數字，可

◎每天都比前一天進步一點點vs.退步一點點

	進步法則	退步法則
法則	1.01的法則	0.99的法則
公式	1.01的365次方＝37.8	0.99的365次方＝0.03
代表含意	每天認真努力，最終將匯集成巨大力量	每天稍微偷懶一下，終究會失去競爭力與實力

※資料來源：作者整理

以使人每天進步一點點，也可以讓人每天退步一點點。因此，投資自己需要時間累積，每天持之以恆。至於該怎麼做？建議可根據個人需求與目標，設定優先順序，以安排時間執行。

投資自己絕對是穩賺不賠。好好栽培自己，永遠不嫌遲，現在就開始做吧！

9-2 聚焦核心事業，你就是品牌

觀察一家企業的股票是否值得長期持有，除了希望經營者專注本業之外，品牌經營亦是企業邁向永續發展的關鍵策略。由於擁有獨一無二的品牌魅力，造就蘋果、耐吉、星巴克、賓士等企業的成功。

若將此概念轉換到個人與職場的關係上，不難發現「個人品牌形象」的重要性正與日俱增。如同企業的市場定位一樣，每個人在職場上也都可以找到自己的定位，聚焦核心事業，打造專屬品牌，為自己創造永續的競爭優勢。

在社群媒體發達的時代，個人品牌形象早已取代履歷表。如今，有愈來愈多的雇主會透過網路搜尋應徵者的背景，或藉由臉書、推特、領英等社交網站，進一步瞭解應徵者在社群媒體上的活動。因此，若能懂得經營自己、行銷自我，展現個人獨特性，將會大大影響未來職涯路上的成就與機會。

▼專注提升核心競爭力

與上市櫃公司聚焦本業經營一樣，個人也應專注於核心事業的發展，畢竟這是一種穩賺不賠的投資。因此，想要成功的人不僅要認清並接受全球化競爭的事實，更要有提升個人競爭優勢的觀念。

以個人來說，所謂核心事業指的就是專業能力。擁有專業能力，在全球化的知識經濟時代中，顯得格外重要。國際知名趨勢大師大前研一曾斷言，未來唯一生存之道就叫「專業」。在他的認知中，所謂「專業」必須是不斷學習，至死方休，而且是要求自己登峰造極並樂在其中，同時又能在荒野中找到出路，挑戰看不見的空間。

換句話說，商場上的專業人才，對於本身技能的磨練，都是抱持著至死方休的決心，並且樂在其中。而被視為具有專業價值的優秀人才，通常不會有退休的想法，因為不論他自己是否想做，一定會有企業或個人想借助他的專業力量。

想要成為專業人才，大前研一建議必須具備以下四種能力：**預測力**、**構想力**、**議論力**、**適應矛盾的能力**。擁有這四種專業能力的人，即使面對未來環境的快速變化，也能充分發揮實力。因此，在充滿變動與未知的世紀中，唯有不斷學習，至死方休，才能使自己成為頂尖的專業人才。

專注核心事業發展，有助於提升個人競爭優勢。其中一個重要的作法是，把自己的天賦、特長當成個人事業的核心能力，並將心力聚焦於不斷改善核心能力上，以加強自己的核心競爭力，直到成為該專業領域中的佼佼者。

惟須注意的是，強化核心競爭力，光只有補英文、學電腦、修碩士、考證照還不夠，因為專業知識與技能構築的「硬能力」（Hard Skills），只是職場競爭力的一部分。簡單來說，一個人沒有專業，絕不可能成功，可是除了專業技能之外，成功還需要許多條件的配合——這些條件加總起來，就決定了你的「競爭力」。

因此，想要脫穎而出的話，「軟能力」（Soft Skills）也不可或缺。不論你是研發工程師、業務員或理財專員，都應具備上台簡報的能力，懂得如何與團隊其他成員溝通及合作，在工作上要能創新思考，遇到問題要有分析、歸納與解決的能力，對外部客戶要掌握服務的技巧、具備良好的說服力，以及學習意願強、抗壓性和穩定度高等。

更重要的是，不同的職涯階段，需要具備不同的競爭力。在二十五歲至三十歲的事業起步期，核心競爭力在於專業知識與技能；三十歲到四十歲的事業起飛期，核心競爭力是管理能力；四十歲至六十歲的事業高峰期，關鍵競爭力則是策略規畫與資源整合能力。在每一個生涯階段，都應該建立一張競爭力的清單，隨時做好自我盤點，一來補強自己的弱項，二來也發揮個人的強項。

▼打造個人品牌，傳遞獨特價值

致力於提升個人核心競爭力之際，也應把自己當作品牌來經營；雖然不一定要當第一名，但絕對要讓人值得信任。

究竟什麼是個人品牌形象？亞馬遜創辦人貝佐斯（Jeff Bezos）的詮釋最為貼切——所謂個人品牌形象，指的是當你離開房間時，大家怎麼談論你。也就是說，你如何看待自己是一回事，別人怎麼認定你又是另外一回事，所以個人品牌形象要以大家私下對你的評價為準。

基本上，個人品牌形象也就是：別人眼中的你看起來像什麼？行為像什麼？以及腦海裡的想法像什麼？

在職場上，每個人都應該建立個人品牌形象，讓老闆、主管及同事能快速記住自己的特點，進而獲得更多向上發展的機遇。

在打造個人品牌形象前，你得先決定自己想要成為什麼樣的人。你想要獨善其身，還是樂於助人？想要熱情瘋狂，還是理性睿智？這中間沒有好壞對錯，也沒有孰優孰劣，重點在於「真實」與「真誠」，你必須是真心誠意想要成為這樣的人，才能贏得別人的信任。

畢竟，個人品牌形象是一種關係的承諾，需要花時間累積與經營。舉凡你在領英、臉書及推特等社交網站上公開分享的訊息，或是私底下的為人處事，都必須要連結到你的個人品牌形象，傳達出一致的基調和價值。

全球知名的一百大品牌，都傳遞了專屬的意義與獨特的價值。例如，蘋果等同於精品，微軟代表大眾化，亞馬遜展現創新，迪士尼帶來歡樂，耐吉形塑專業等等。

由於品牌等於信用，以個人來說，每一次溝通、交流、合作、交易都代表個人的品牌形象，同時也象徵信任的價值。當你在學校加入社團活動或在公司參與專案計畫，若能讓人覺得你的個人品牌形象既專業又值得信賴，那麼下一次就會繼續找你合作，無形中也提升個人的競爭優勢。

如果你未來打算尋求加薪、考慮跳槽或轉行、甚至是創業，獨特的個人品牌形象尤其重要。因此，從現在開始認真努力經營屬於自己的個人品牌，一有機會上門，便能立即掌握、成為贏家！

理財小叮嚀

若從企業經營的角度來看個人競爭力，可用營收作為檢視指標，意即每年年薪多少，就代表自己的核心事業、工作價值能創造多少營收。同樣的，營收也可以分為本業收入和業外收入，前者為上班薪資，後者則指投資理財。在本業收入方面，若工作四、五年後，還是領22K的薪水，建議可透過跳槽、轉職來提高薪資成長的機會。

9-3 增進不可取代性，成為π型人才

世界上的任何一種投資，都有一定程度的風險，唯有一種投資可以讓人穩賺不賠，那就是「學習」。可惜的是，許多人的學習只停留在學生時期。事實上，畢業後不代表就可以止步不前，畢竟不進則退，一旦停止學習，就等於自我淘汰！

社會新鮮人雖然沒有錢，卻擁有最大且可自由支配的資產，那就是「時間」。時間管理是類似於資產配置的概念，對年輕人來說，懂得時間管理比學會投資理財還更重要，因此除了要提升工作效率，還要活用下班及休假時間充實自己，以增進自身的「不可取代性」。

▼熱愛學習，始終如一

不論是在學校或職場，仔細觀察後可以發現，唯有找到內在動力，真正感受到學習

樂趣的人，才會自動自發愛學習，也才能養成終身學習的好習慣。我自己便是如此，即使每天工作忙碌，依然珍惜每一次學習機會，這樣的學習態度一路走來始終如一。

自台北大學會計系畢業後，我進入國內四大會計師事務所之一的勤業眾信會計師事務所（Deloitte & Touche）工作，擔任高級審計員，主查金融業。投入職場四年後，因深感所學不足，決定出國進修，於是在二十八歲時前往美國伊利諾州大學香檳分校（UIUC）攻讀研究所，並取得財務金融碩士學位。

學成返國後，我決定改當業務員，選擇直接面對客戶，培養自己與人接觸、溝通的能力，所以進入中國人壽工作。這段期間，我在個人和企業退休金、教育金及保險規劃等方面，累積了不少寶貴經驗。

目前我在熹瑞國際顧問公司擔任高級顧問，除了取得台灣及中國的「國際認證高級理財規劃顧問」（Certified Financial Planner，簡稱ＣＦＰ）證照之外，還擁有十五年財務規劃工作經驗，並專精於個人保險、資產、稅務、信託、退休金整體財務規劃。此外，工作之餘，我也在台灣金融研訓院菁英講座擔任講師，一方面貢獻所學，並與學員教學相長，另一方面累積豐富的教學經驗。

▼借力使力，學習不費力

學習有很多種方法，剛開始學習時，若想獲得最好的效果，我們常說：「借力使力，學習不費力。」這句話與「三人行，必有我師焉」有異曲同工之妙。每個人都有值得別人學習的優點，經由跨團隊學習，吸取更多寶貴的經驗，你才能截長補短，讓自己更完善。

因此，想要在事業上闖出一番成就的人，一定要懂得運用「借力使力不費力」的原則，學習別人如何努力、善用時間的方法，以及學會觀察別人如何成功、為何成功。

簡單來說，如果你想縮短成功的時間，就得學會如何整合他人的資源，借用他人之手，讓自己快速成長。以我自身學英文的經驗為例，除了透過參加讀書會來練習英文日常會話之外，我也加入「中華民國國際演講協會」，這是由國際演講協會（Toastmasters International）在台灣成立的非營利組織，可以有系統地訓練英文口語表達的能力，逼自己放膽說英語，比起花大錢上補習班聽課還要有效。

多去聽別人在講什麼，比自己講什麼更好。在現今資訊科技發達的年代，到處都有聆聽演講的機會，有些演講甚至是免費的，值得善加利用。例如，TED Talks的十八分鐘演講，一直都是大家最喜愛的影音學習平台，而且內容範圍從科學到情感無所不包。

藉由他人演講來自我學習，一開始通常只有在台下聆聽，自己認真做筆記。但光是這樣做還不夠，最好還要能夠經過消化整理、反覆練習後，自己上台講解給別人聽。唯有透過上台演講、分享、教課，才更能逼迫自己學以致用、快速成長，這樣也才能達到「借力使力，學習不費力」的目的。

▼身懷雙專長，成為π型人才

學習第二專長不限於工作領域，舉凡運動或嗜好，像是游泳、插花等等，只要能夠做到專精，都可以成為第二專長。重點在於：你目前需要什麼樣的能力，就投入最多時間來學習。

不過，學習也要與時俱進，不能老是關在象牙塔裡，尤其是我們身處在全球化競爭的時代，最好隨時關注哪些產業和工作在未來可能會消失或衰退，必要時應把自己歸零，重新學習再出發。

隨著時代快速變遷，人的能力也要多樣化。過去，只要找到一種專業領域深入鑽研，當個「T型人」，即可在一家公司待到退休；但如今「T型人」已經不能符合未來需求，應該至少再多一項立足能力，成為「π型人」才能讓自己比別人領先一大步。

「π型人」的概念，是由日本趨勢大師大前研一所提出，指的是具備兩項專長，如同希臘文的π字。由於「π型人」擁有兩種不同學歷、語言、專長、技能，可產生兩倍以上價值，所以成為職場炙手可熱的常勝軍。

π字亦狀似日本木屐，所以大前研一又稱之為「木屐型人」。一個人同時具備多種跨領域能力，猶如日式木屐有許多根木柱，可為自己專業撐盤，進而在各領域之間游刃有餘並發揮所長。長期下來，除了可在不同面向深耕專業之外，更因多領域歷練出獨特的視野與觀點，能激盪出「一加一大於二」的加乘效果。

第二專長也可以從原有的專業加以延伸、擴展。以我自己為例，大學念會計，研究所攻讀財務金融，後來又從事壽險顧問工作，所以造就自己現在能提供整體財務規劃諮詢與服務。畢竟，要做到全方位財務規劃，應涵蓋儲蓄、投資理財、創業、保險、置產、信託、風險評估、退休金、遺產繼承及稅務規劃等種種面向，必須要面面俱到，缺一不可。

▼參加社團，拓展人脈圈

人脈經營也是學習的重要一環。上班族若想建立人脈，不妨多參與社團活動。像我自己主要是聚焦於商務類社團，而且具有服務公益性質，例如青商會、扶輪社等。我曾擔任台北市大松山國際青年商會會長、台北社扶青團輔導主委，也負責籌辦過晚會，從中累積不少人脈與實務經驗。目前，獅子會、扶輪社、青商會、同濟會等國際性社團，在台灣各地均設有總會及分會。這些社團向來被視為拓展人脈的黃金平台。

有些人不免好奇，在網路社交年代，實體社團還有參加的價值嗎？事實上，這些國際性社團的會員來自各行各業成功人士。透過這些社團，將有機會認識法律、會計、金融、醫學、政治等專業人士，而且他們的位階可能更高、視野更寬廣，所以實體社團仍具有獨特的價值。

不過，人脈得要用心經營，當有需要時才能派上用場。參加社團的正確心態，首先應抱持分享態度來交朋友，不要只在乎對方的職稱，因為頭銜只是一時的，唯有以真誠的態度來經營個人關係，才能讓彼此互相信賴。

其次是平時應主動伸出援手、幫助他人。當社團其他成員遭遇困難或提出問題時，你能以自身的專業或技能，幫忙對方解決工作或生意上的難題，相信對方一定會銘記在心，他日尋求回報機會。藉由創造自己可被利用的價值，就像「魚幫水、水幫魚」一樣，這種雙向的人脈關係才能穩固且持久。

最後，社群名單也需要定期做「斷捨離」，可別以為臉書好友、ＬＩＮＥ或領英的聯絡人愈多，就代表人脈愈廣。把握值得用心經營的朋友，才能活絡有利的人脈網，讓真正有利的人脈，在需要時派上用場，發揮實質價值！

國家圖書館出版品預行編目（CIP）資料

活用理財金三角,小薪水也能滾利領百萬：國際認證理財規劃師教你運用SMART原則,從儲蓄、保險、股票、基金到房產都能穩穩賺! / 方士維著. -- 初版. -- 臺北市：商周出版：家庭傳媒城邦分公司發行, 2018.08
面；　公分
ISBN 978-986-477-501-9(平裝)

1.個人理財 2.投資

563　　107010669

BW0683

活用理財金三角，小薪水也能滾利領百萬

國際認證理財規劃師教你運用 SMART 原則，從儲蓄、保險、股票、基金到房產都能穩穩賺！

作　　　者／方士維
責 任 編 輯／李皓歆
企 劃 選 書／鄭凱達
版　　　權／黃淑敏、翁靜如
行 銷 業 務／周佑潔

總　編　輯／陳美靜
總　經　理／彭之琬
事業群總經理／黃淑貞
發　行　人／何飛鵬
法 律 顧 問／元禾法律事務所　王子文律師
出　　　版／商周出版
115 台北市南港區昆陽街 16 號 4 樓
電話：(02) 2500-7008　傳真：(02) 2500-7579
E-mail: bwp.service @ cite.com.tw
發　　　行／英屬蓋曼群島商家庭傳媒股份有限公司　城邦分公司
115 台北市南港區昆陽街 16 號 8 樓
讀者服務專線：0800-020-299　24 小時傳真服務：(02) 2517-0999
讀者服務信箱 E-mail: cs@cite.com.tw
劃撥帳號：19833503　戶名：英屬蓋曼群島商家庭傳媒股份有限公司城邦分公司
訂 購 服 務／書虫股份有限公司客服專線：(02) 2500-7718；2500-7719
服務時間：週一至週五上午 09:30-12:00；下午 13:30-17:00
24 小時傳真專線：(02) 2500-1990；2500-1991
劃撥帳號：19863813　戶名：書虫股份有限公司
香 港 發 行 所／城邦（香港）出版集團有限公司
香港九龍土瓜灣土瓜灣道 86 號順聯工業大廈 6 樓 A 室
E-mail: hkcite@biznetvigator.com
電話：(852) 25086231　傳真：(852) 25789337
E-mail：hkcite@biznetvigator.com
馬 新 發 行 所／Cite (M) Sdn. Bhd.
41, Jalan Radin Anum, Bandar Baru Sri Petaling, 57000 Kuala Lumpur, Malaysia.
電話：(603) 9056-3833　傳真：(603) 9057-6622　E-mail: services@cite.my

美 術 編 輯／簡至成
封 面 設 計／黃聖文
製 版 印 刷／韋懋實業有限公司
經　銷　商／聯合發行股份有限公司　電話：(02) 2917-8022　傳真：(02) 2911-0053
地址：新北市 231 新店區寶橋路 235 巷 6 弄 6 號 2 樓

■ 2018 年 08 月 07 日初版 1 刷
■ 2024 年 08 月 29 日初版 4.1 刷

Printed in Taiwan

ISBN　978-986-477-501-9

定價 360 元

城邦讀書花園
www.cite.com.tw

商周出版

廣 告 回 函
北區郵政管理登記證
台北廣字第 000791 號
郵資已付，免貼郵票

115 台北市南港區昆陽街 16 號 4 樓
英屬蓋曼群島商家庭傳媒股份有限公司
城邦分公司

請沿虛線對摺，謝謝！

商周出版

書號：BW0683 書名：活用理財金三角，小薪水也能滾利領百萬 編碼：

請於此處用膠水黏貼

商周出版

讀者回函卡

謝謝您購買我們出版的書籍！請費心填寫此回函卡，我們將不定期寄上城邦集團最新的出版訊息。

姓名：____________________　　性別：□男　□女

生日：西元＿＿＿＿＿年＿＿＿＿＿月＿＿＿＿＿日

地址：____________________

聯絡電話：____________　傳真：____________

E-mail：____________________

學歷：□ 1. 小學 □ 2. 國中 □ 3. 高中 □ 4. 大專 □ 5. 研究所以上

職業：□ 1. 學生 □ 2. 軍公教 □ 3. 服務 □ 4. 金融 □ 5. 製造 □ 6. 資訊
□ 7. 傳播 □ 8. 自由業 □ 9. 農漁牧 □ 10. 家管 □ 11. 退休
□ 12. 其他 ____________________

您從何種方式得知本書消息？

□ 1. 書店 □ 2. 網路 □ 3. 報紙 □ 4. 雜誌 □ 5. 廣播 □ 6. 電視
□ 7. 親友推薦 □ 8. 其他 ____________________

您通常以何種方式購書？

□ 1. 書店 □ 2. 網路 □ 3. 傳真訂購 □ 4. 郵局劃撥 □ 5. 其他 ____

對我們的建議：____________________

【為提供訂購、行銷、客戶管理或其他合於營業登記項目或章程所定業務之目的，城邦出版人集團（即英屬蓋曼群島商家庭傳媒（股）公司城邦分公司、城邦文化事業（股）公司），於本集團之營運期間及地區內，將以電郵、傳真、電話、簡訊、郵寄或其他公告方式利用您提供之資料（資料類別：C001、C002、C003、C011等）。利用對象除本集團外，亦可能包括相關服務的協力機構。如您有依個資法第三條或其他需服務之處，得致電本公司客服中心電話02-25007718請求協助。相關資料如為非必要項目，不提供亦不影響您的權益。】

1. C001 辨識個人者：如消費者之姓名、地址、電話、電子郵件等資訊。
2. C002 辨識財務者：如信 用卡或轉帳帳戶資訊。
3. C003 政府資料中之辨識者：如身份證字號或護照號碼（外國人）。
4. C011 個人描述：如性別、國籍、出生年月日。

請於此處用膠水黏貼